Rapport de l'AFEAS
sur la situation des femmes au foyer

Rita Therrien – Louise Coulombe - Joly

Rapport de l'AFEAS
sur la situation des femmes au foyer

Boréal Express

La recherche et la rédaction de cet ouvrage ont été rendues possibles grâce à la collaboration de la Faculté de l'éducation permanente de l'Université de Montréal.

Photocomposition et mise en pages: Les Éditions Marquis Ltée

Diffusion pour le Québec:
Dimedia: 539, boul. Lebeau
Saint-Laurent (Québec) H4N 1S2

Diffusion pour la France:
Distique: 9, rue Édouard-Jacques
75014 Paris

ISBN 2-89052-113-3

Dépôt légal: 3e trimestre 1984
Bibliothèque nationale du Québec

Ce livre est dédié à toutes les femmes au foyer. Qu'elles y travaillent à temps plein ou à temps partiel, ces personnes exercent un métier invisible. L'AFEAS souhaite ardemment que, dans un avenir rapproché, la valeur sociale et familiale du travail au foyer soit reconnue.

AVANT-PROPOS

L'Association féminine d'éducation et d'action sociale (AFEAS) est heureuse de présenter le rapport de son étude sur la situation des femmes au foyer.

Ce travail d'envergure s'inscrit dans le cadre des activités que l'AFEAS s'était promis de réaliser au cours de la décennie des femmes. Il s'agit d'une autre contribution de l'AFEAS à l'amélioration des conditions de vie des femmes.

Loin de nous l'idée de retourner toutes les femmes dans leur foyer ou de diriger celles qui sont au foyer vers le marché du travail. Il s'agit tout simplement de voir la situation telle qu'elle est vécue et de faire en sorte que des mesures soient prises pour répondre aux besoins de ces femmes.

Ce livre est un outil de sensibilisation destiné à changer les mentalités face au travail au foyer, et à persuader les gouvernements de reconnaître la contribution de ce travail au bien-être de la famille et de la société.

Ce livre s'adresse:

aux femmes, aux hommes, aux couples, aux jeunes;

aux gouvernements;

aux professionnels des domaines social, juridique, économique et de la santé;

aux éducateurs, aux chercheurs, aux travailleurs sociaux;

aux groupes désireux de poursuivre la discussion, d'opérer des pressions...

La valorisation du travail au foyer aura des répercussions bénéfiques sur toute la société. Les personnes exerçant ce rôle (homme ou femme) se sentiront autonomes à l'intérieur d'une société de justice, d'égalité et de partage.

L'AFEAS souhaite remercier toutes les participantes à l'une ou l'autre étape de cette recherche-action :

Madame Christiane Bérubé-Gagné, présidente générale de l'association en 1981, instigatrice du projet ;

Toutes les personnes de l'AFEAS qui ont soutenu le projet dans son ensemble : les membres du Conseil exécutif, du Conseil d'administration et du Comité provincial «Femmes au foyer» ;

Les employées du siège social de l'AFEAS qui ont effectué le travail de dactylographie et d'envois postaux et les membres de l'association qui ont participé à la codification du questionnaire ;

Les femmes qui ont commenté les premières ébauches du questionnaire ou ont collaboré à son pré-test et celles qui ont répondu à sa version finale ;

La Faculté de l'éducation permanente de l'Université de Montréal qui a affecté un chercheur à ce projet ;

Le Centre de sondage de l'Université de Montréal qui a procédé à l'échantillonnage ;

Le Secrétariat d'État pour une subvention dans le cadre du programme de la promotion de la femme ;

Le Conseil québécois de la recherche sociale pour une subvention à la codification du questionnaire ;

Les personnes qui ont commenté certaines ébauches de nos textes ;

Tous les membres de l'AFEAS qui se sont intéressées au dossier et qui ont participé à sa phase d'animation.

INTRODUCTION

Les femmes au foyer constituent un groupe numérique important au Québec, mais leurs caractéristiques sont fort peu connues et étudiées. Cette ignorance n'est pas le fruit du hasard. Il en est ainsi en premier lieu à cause de la nature de leurs activités: dans un monde orienté vers la production marchande, seul le travail salarié est considéré comme une activité économique. Il en est ainsi également à cause de l'isolement de chacune de ces femmes dans leur foyer: il est difficile de saisir comme groupe social un ensemble d'individus se définissant d'abord et avant tout comme membres d'une unité familiale. Cette situation d'isolement est renforcée par une attitude orientée vers l'amour et l'oubli de soi. Comment revendiquer sur la place publique des avantages sociaux, des mesures assurant une certaine sécurité financière quand on accomplit ses tâches par amour et quand on fait profession de prendre soin des autres?

Entreprendre une recherche sur ce groupe, c'est donc s'attaquer à un sujet ayant une portée sociale et scientifique. Qu'elle soit en plus commandée et acheminée par un groupe de femmes lui confère une importance et une signification particulières. À la base de cette démarche, il y a la découverte de difficultés pratiques dans le travail auprès de femmes au foyer et la volonté d'amorcer un processus collectif de changement. L'Association féminine d'éducation et d'action sociale (AFEAS) n'en est pas à ses premières armes dans le domaine. Elle s'est déjà attaquée à la difficulté de concilier les sentiments et les intérêts économiques chez les femmes mariées dans son dossier sur la femme collaboratrice du mari dans une entreprise à but lucratif.

À partir du rapport d'une enquête qu'elle a menée en 1975 auprès de Québécoises en situation de collaboration avec leur époux dans une entreprise, l'AFEAS a sensibilisé ses membres et la population québécoise à la situation de ces femmes. De plus, elle a multiplié les pressions et les revendications auprès des différentes autorités concernées jusqu'à l'obtention de résultats concrets. En effet, en 1980, les gouvernements fédéral et provincial reconnaissaient les femmes collaboratrices de leur mari comme employées pouvant bénéficier de certains avantages sociaux. Cette action s'est également soldée par la création d'un regroupement de ces femmes: l'Association des femmes collaboratrices (ADFC). Cette expérience menée avec succès a démontré l'utilité de la présence des mouvements sociaux dans le champ de la recherche. Ils peuvent renouveler les objets d'étude en désignant des sujets négligés par les chercheurs professionnels. De plus, ils peuvent faire porter les résultats d'une recherche sur la place publique et obtenir des résultats politiques tangibles.

L'AFEAS a songé par la suite à s'attaquer au dossier de la situation des femmes au foyer. Pourquoi mener de telles actions et pourquoi ce dossier en particulier? L'AFEAS est un organisme regroupant 35 000 membres réparties un peu partout à travers le Québec. Elle se préoccupe de l'amélioration des conditions de vie et de travail des femmes. Par l'éducation, elle sensibilise ses membres à prendre leurs responsabilités de femmes et de citoyennes et par l'action sociale, elle les incite à participer à la vie de leur milieu.

Depuis quelques années, l'AFEAS s'est heurtée dans son travail à plusieurs injustices envers les femmes au foyer: citons entre autres l'absence de reconnaissance sociale de leur travail, la non-accessibilité à la formation professionnelle et aux régimes de retraite des travailleurs. De plus, l'AFEAS regroupe en majorité (58,6%) des femmes travaillant exclusivement au foyer et, de toute façon, le travail au foyer concerne toutes les femmes car elles assument en général la plus grande part des travaux ménagers et des soins aux enfants. Il n'en fallait pas plus pour convaincre l'Association de la nécessité de mener une enquête sur la situation juridique et économique des femmes au foyer du Québec.

La Faculté de l'éducation permanente de l'Université de Montréal (FEP) a accepté, à la demande de l'AFEAS, de contribuer à la réalisation de ce projet en y affectant un chercheur. Cette contribution s'inscrit en continuité avec la conception de l'éducation permanente mise de l'avant par la FEP depuis sa création. Pour cette faculté, la promotion de l'éducation permanente ne peut se limiter à l'assouplissement des conditions d'admission aux programmes universitaires déjà existants ou à l'aménagement de leurs horaires pour en faciliter l'accès aux adultes. Cette promotion passe par la transformation des pratiques actuelles, par la création de solidarités nouvelles et par l'ouverture de l'université à des collectivités et des pratiques jusqu'à maintenant absentes ou marginales. C'est dans cette perspective que la FEP veut favoriser le développement de la fonction de service à la collectivité en mettant les ressources universitaires au service d'une démarche collective de groupes habituellement non rejoints par l'université.

1. OBJECTIFS ET CHEMINEMENT DE LA RECHERCHE

D'après les objectifs assignés à la recherche par l'AFEAS, il fallait la concevoir comme un outil de connaissance et d'action. Il s'agissait, selon les termes mêmes de son Conseil d'administration provincial, d'arriver aux résultats suivants:

- définir les femmes au foyer des années 1980;
- découvrir leurs motivations, leurs aspirations, leurs frustrations et leurs besoins;
- faire ressortir les aspects légaux et financiers de leur statut;
- reconnaître l'importance de leur rôle, social, économique, culturel et chrétien;
- élaborer des recommandations pour l'obtention de cette reconnaissance;
- faire prendre conscience aux femmes de leur identité propre;
- améliorer leurs conditions de vie;
- par des pressions auprès des instances gouvernementales, obtenir des mesures qui répondent aux besoins de ces femmes.

Comment concrétiser des objectifs si ambitieux? Comment concilier les exigences de l'analyse scientifique avec l'expression d'un vécu et les nécessités de l'action? Il était évident que le processus engagé par la recherche ne pouvait se limiter à la collecte des données et devait comprendre des étapes répondant aux besoins de l'action. La collecte des données devait venir en premier lieu et alimenter une double démarche de sensibilisation, l'une auprès des membres, l'autre auprès du grand public et des instances gouvernementales. C'est dire que la phase d'enquête devait dépasser les membres de l'AFEAS et rejoindre toutes les femmes au foyer du Québec. Pour réaliser cette première étape, l'AFEAS a décidé de s'adjoindre un chercheur universitaire en la personne de Rita Therrien. La méthodologie et les hypothèses de départ ont alors été définies conjointement en tentant de concilier l'ensemble des objectifs et les exigences d'une enquête scientifique. La méthodologie choisie a été un sondage auprès d'un échantillon représentatif. Le questionnaire devait permettre de recueillir des renseignements objectifs sur les femmes au foyer (caractéristiques socio-économiques, situation légale, etc.) et leur perception de certains éléments de leur situation.

La réalisation de la phase d'enquête résulte principalement de la collaboration entre le chercheur et la responsable de l'Association affectée au dossier, Louise Coulombe-Joly. Le chercheur a apporté son expérience en méthodologie scientifique et ses connaissances sur le dossier de la condition féminine. La responsable de l'Association a apporté son expérience de travail auprès de groupes de femmes, sa connaissance des problèmes des femmes au foyer et a vu à l'atteinte des objectifs visés. Plusieurs membres de l'AFEAS ont évidemment participé à cette phase selon une modalité expliquée plus loin. Mentionnons de plus que l'échantillonnage a été réalisé par le Centre de sondage de l'Université de Montréal. Le dossier présenté ici est le rapport d'analyse de ce sondage complété d'un certain nombre de références à la littérature sur certains sujets touchés par l'enquête. Plus précisément, les tâches ont été partagées de la façon suivante entre les deux auteures. Toutes deux ont participé à l'élaboration du questionnaire, supervisé sa codification et rédigé le rapport d'analyse. Rita Therrien a de plus effectué et rédigé la revue de la littérature répartie dans la plupart des chapitres et a procédé au traitement informatique des données. Louise Coulombe-Joly a animé le comité de l'AFEAS chargé de porter l'ensemble du dossier.

Mais comme l'ensemble du projet ne se limite pas à la publication de ce rapport d'analyse, il faut souligner toute la démarche qui a mobilisé et mobilise encore les membres de l'AFEAS. D'abord, il y a eu en 1981 la mise sur pied d'un comité de cinq membres de l'AFEAS (comité dont Louise Coulombe-Joly est responsable) ayant pour mandat d'élaborer et de suivre tout le projet. Ce comité a commencé le travail par un inventaire des ouvrages traitant du sujet et la définition de thèmes devant être inclus dans le questionnaire du sondage. Il a soutenu le travail des deux responsables de l'enquête en collaborant à l'envoi et à la codification des questionnaires. En septembre 1982, l'AFEAS a lancé le dossier sur la place publique en dévoilant certains résultats bruts du sondage lors d'une conférence de presse. C'était le début d'un processus de sensibilisation sur le sujet. De septembre 1982 à juin

1983, les membres des 600 cercles locaux de l'AFEAS se sont penchées sur différents aspects de cette recherche lors de leurs rencontres mensuelles. Des dossiers d'information avaient été préparés par le secrétariat provincial pour soutenir leur réflexion. On visait ainsi la prise de conscience individuelle et l'élaboration en groupe de recommandations pour améliorer la situation des femmes au foyer. De plus, la revue mensuelle de l'AFEAS *Femmes d'ici* a transmis des informations sur la recherche. La démarche de sensibilisation auprès des membres voulait les préparer à se prononcer sur des principes de reconnaissance de la valeur du travail au foyer au cours de l'assemblée générale annuelle de l'Association de 1983[1]. Une fois cette démarche complétée par la publication du présent rapport d'analyse, l'AFEAS entend poursuivre son travail de sensibilisation auprès de toute la population et exercer des pressions afin d'obtenir des mesures concrètes reconnaissant le travail des femmes au foyer. Il s'agit donc d'un projet à long terme dont les actions s'échelonneront sur plusieurs années.

2. REVUE DE LA LITTÉRATURE SUR LE SUJET

Un premier survol de la littérature scientifique nous a permis de constater la rareté des ouvrages traitant spécifiquement des femmes au foyer. Une seconde recherche bibliographique menée à l'aide de thèmes particuliers corrige un peu cette impression sans la dissiper complètement: il s'agit le plus souvent d'articles de revues comparant les femmes au foyer aux femmes en emploi ou les traitant à titre de membres d'une famille et non à titre de sujets individuels. Un troisième courant s'attache au thème du travail au foyer, plus particulièrement à son inégale distribution entre les sexes et à sa contribution à l'économie.

Le premier type d'ouvrages décrit les femmes au foyer à l'aide d'entrevues ou de réponses à des questionnaires. Ces enquêtes sont américaines[2], anglaises[3] ou canadiennes[4]. Il s'agit d'analyses de caractéristiques, comportements et opinions de certains types de femmes au foyer comme des jeunes mères de famille, des résidentes de banlieue ou des lectrices d'une revue féminine. Leur échantillonnage est, dans certains cas, très réduit ou élimine au départ certaines catégories de femmes comme les chefs de familles monoparentales, les femmes n'ayant pas d'enfants à la maison, les femmes âgées, celles de milieu rural ou semi-urbain, etc. Il est donc difficile d'en dégager un portrait représentatif des femmes au foyer. La plupart de ces études ne peuvent servir à élaborer une perspective d'analyse, car elles ont tendance à se confiner à la pure description. Néanmoins, plusieurs observations sont intéressantes et nous ont aidées à élaborer notre questionnaire, elles pourront également servir à certains moments à éclairer nos données.

Les études reliées à des thèmes particuliers sont une source assez riche. Nous avons recensé les thèmes suivants:

- Les facteurs d'influence de la non-participation au marché du travail.
- Le rôle maternel.
- La place des femmes au foyer dans la stratification sociale.
- Le cycle de vie familial.
- La pauvreté des femmes âgées veuves et des femmes chefs de famille monoparentale.
- La participation sociale des femmes au foyer.
- Le degré et les sources de satisfaction des femmes au foyer.
- La santé des femmes au foyer.

Ces travaux sont riches en renseignements de toutes sortes mais leur diversité exclut toute vision d'ensemble de la situation. Nous rendrons compte de ce type de littérature à l'intérieur de chacun des chapitres où sont traités ces thèmes. Ils nous serviront à situer les données de notre enquête par rapport aux connaissances établies. Étant donné l'abondance de ces travaux, il va de soi que notre sélection peut négliger des publications intéressantes.

La troisième série de travaux aborde la question du travail au foyer dans une perspective socio-économique: l'expression «travail au foyer» désigne ici le travail accompli par les femmes dans les familles, qu'elles occupent ou non un emploi rémunéré. Certains auteurs se sont attardés à calculer la valeur économique de ce travail, d'autres tentent de cerner de façon plus théorique les fonctions du travail au foyer dans une perspective libérale, marxiste ou féministe. Cette série de travaux est la seule à dégager une analyse d'ensemble. Cependant, un tel point de vue purement objectif ne permet pas de tenir compte des perceptions et opinions des femmes, élément important dans notre projet. Plutôt que de le présenter à titre de cadre théorique de l'ensemble de l'ouvrage, nous avons choisi d'en faire état dans un chapitre particulier, qui traite des composantes du travail au foyer, de la perception des femmes à l'égard de ce travail et de leurs opinions sur les politiques gouverne-mentales les concernant.

Cette façon un peu particulière de traiter la revue de la littérature reflète bien les débats intellectuels et l'état des connaissances à propos des femmes au foyer: on commence à peine à s'y intéresser et à dépasser les clichés. Il existe en réalité plusieurs connaissances éparses et il faudrait les rassembler, mais les rassembler comment? S'il est parfaitement légitime de parler de travail au foyer plutôt que de femmes au foyer, nous avons voulu partir de ces dernières dans un but éminemment pratique: produire des connaissances sur cette catégorie de femmes à titre d'outils pour améliorer leur situation.

3. PERSPECTIVES D'ANALYSE

Nos hypothèses de travail se situent le plus près possible de la réalité vécue par les femmes au foyer en tenant compte des éléments de la littérature scientifique qui éclairent certains thèmes particuliers. Pour réaliser notre questionnaire et notre analyse nous sommes donc parties des éléments suivants:

- À peu près toutes les analyses soulignent l'importance du rôle maternel dans le travail au foyer: nous avons voulu vérifier cette importance.
- Toutes les femmes au foyer ne sont pas au même stade de leur vie: il faut donc décrire les variations selon l'âge.
- On répond souvent aux revendications féministes en opposant la situation des femmes des classes ouvrières à celle des femmes mieux nanties. Nous avons voulu vérifier l'importance du milieu social comme facteur de variation dans la situation des femmes au foyer.
- L'examen du bagage scolaire de ces femmes, de leur expérience de travail antérieure de même que l'existence d'un double marché du travail où les hommes et les femmes occupent des places inégales nous aident à comprendre que leur éventail de choix est limité.
- Selon l'expérience et la réflexion de l'AFEAS sur le sujet, la situation financière et juridique des femmes au foyer se caractérise par l'absence d'autonomie financière et l'imprévoyance de leur avenir.
- Une littérature abondante sur les tâches et les relations familiales nous apprend que les femmes accomplissent la plus grande part

des tâches au foyer et nous ne nous attendons pas à des résultats différents dans notre enquête.
- On présente souvent les femmes au foyer comme des personnes isolées, centrées sur leur famille et participant peu à la vie sociale; nous nous pencherons donc sur leur participation sociale, leurs intérêts et leurs projets d'avenir.
- Nous voulons explorer toutes les dimensions du rôle des femmes au foyer, leurs sources de satisfaction et d'insatisfaction par rapport à ce rôle et leurs valeurs et opinions qui pourraient orienter les politiques gouvernementales les concernant. Cette analyse sera complétée par l'examen de la littérature portant sur l'importance de ces tâches dans l'économie.
- Il existe peu de travaux sur la santé des femmes au foyer. La plupart sont centrés sur l'idée qu'elles vivent une situation d'isolement et de frustration qui a tendance à provoquer des problèmes psychologiques.

Certaines de ces hypothèses sont traitées dans des chapitres spécifiques, d'autres, comme celles relatives aux variations de situation selon l'âge ou le milieu social, seront vérifiées dans tous les chapitres. Soulignons enfin que la littérature consultée est d'inégale valeur par rapport à certains thèmes. La composition des chapitres reflétera cette inégalité et laissera plus ou moins de place selon les cas aux connaissances établies sur un sujet.

4.   PRÉCISIONS MÉTHODOLOGIQUES

L'échantillonnage

Le Centre de sondage de l'Université de Montréal a procédé à l'échantillonnage à partir d'une liste officielle. La sélection couvre l'ensemble du territoire québécois. Dans chaque unité territoriale, on a d'abord sélectionné un certain nombre de secteurs en fonction de la taille de l'unité, puis on a choisi un nombre de femmes dans chaque secteur, le tout au hasard systématique.

Au total, l'échantillon se compose de 2 054 femmes s'identifiant elles-mêmes comme ménagères (excluant donc les étudiantes, les retraitées et les chômeuses).

La cueillette des données

Le questionnaire comprend 61 questions pré-testées auprès d'une cinquantaine de femmes qui ont mis en moyenne 30 minutes à y répondre. La plupart des questions sont fermées, mais plusieurs prévoyaient un espace libre lorsque les réponses ne convenaient pas à la répondante. Les questions concernant les projets d'études et les sources de satisfaction et d'insatisfaction étaient ouvertes.

Le questionnaire a été envoyé par la poste durant la première semaine du mois de mars 1982. Un rappel par la poste a été effectué deux semaines plus tard. La cueillette s'est terminée vers la mi-avril avec un retour de 693 questionnaires complétés, soit un taux de réponse de 34%. Un certain nombre (59) sont revenus pour cause de déménagement. Ce taux de réponse est satisfaisant pour un tel type de sondage: il s'est effectué par la poste, le questionnaire est long et s'adresse à des personnes n'ayant aucun lien avec l'organisme commanditaire.

Le questionnaire a été traduit en anglais et envoyé en 200 exemplaires. Les répondantes pouvaient en réclamer un en anglais ou en français en utilisant un numéro de téléphone indiqué sur le questionnaire.

Signalons que l'AFEAS a assumé la charge financière des opérations suivantes: dactylographie, traduction du questionnaire, imprimerie, envois postaux des questionnaires et des lettres de rappel, de même que les coûts de l'échantillonnage.

La représentativité des répondantes

Pour savoir si les répondantes sont représentatives de la population québécoise des femmes au foyer, il faut les comparer à cette population. En effet, même si le procédé d'échantillonnage est rigoureux, il comporte toujours une marge d'erreur. De plus, toutes les personnes sélectionnées ne répondent pas au questionnaire et cela peut introduire des distorsions. Les seules sources comparatives disponibles proviennent de Statistique Canada et concernent les femmes de la population dite «inactive», constituée principalement de femmes au foyer mais aussi d'étudiantes et de retraitées. Nous éliminons en grande partie le problème des étudiantes en ne tenant compte que des personnes de 20 ans ou plus: en 1976 seulement 1,9% des Québécoises «inactives» de 20 ans ou plus étaient étudiantes à plein temps. Reste le problème des retraitées. Les femmes de 65 ans et plus appartiennent à des générations où le taux de participation des femmes au marché du travail était faible: la proportion de retraitées au sens strict du terme devrait donc être faible parmi elles. Mais, de toute façon, il est fort probable que la majorité des femmes de 65 ans et plus assument les travaux ménagers tant que leur santé le leur permet. Nous les avons donc conservées tant dans les statistiques sur la population «inactive» que dans notre échantillon. Nous avons préféré le risque d'inclure une petite fraction non pertinente à notre étude à celui d'ignorer une part importante de la réalité visée.

Nous avons rencontré un autre problème relatif à la définition des femmes au foyer. Parmi les 693 questionnaires complétés, 167 provenaient de femmes exerçant certaines formes d'activités rémunérées (travail à temps partiel à l'extérieur ou à domicile) ou de femmes collaboratrices de leur mari dans une entreprise. Ces femmes sont de fait «femmes au foyer» avant d'être travailleuses rémunérées et se considèrent comme telles. Mais les statistiques officielles les considèrent comme faisant partie de la population «active» et notre procédé d'échantillonnage n'a pas été conçu pour assurer la représentatitivé de cette catégorie de femmes; si certaines s'identifient comme «ménagères» d'autres peuvent s'identifier comme «travailleuses».

Nous avons donc choisi de centrer notre analyse sur les 526 répondantes n'exerçant aucune activité rémunérée, et d'effectuer la comparaison avec les statistiques officielles pour ce seul groupe. Nous examinerons dans un chapitre à part la situation des 167 femmes occupant un emploi tout en se considérant comme femmes au foyer.

Nous avons choisi l'âge comme critère de comparaison des répondantes avec la population québécoise des femmes au foyer: ce sont des données accessibles pour l'année de notre enquête (1982) et les variations selon l'âge sont importantes dans notre perspective d'analyse. Nous avons utilisé un test de proportion avec un seuil de significativité de 0,05. Comme la distribution des âges parmi les 526 répondantes n'exerçant aucune activité rémunérée ne correspond pas, pour certaines catégories, à la distribution des âges parmi les femmes québécoises «inactives» de 20 ans ou plus, nous avons donc pondéré nos résultats en conséquence. C'est-à-dire que le procédé transforme les proportions

	Population féminine inactive*	Répondantes
20-34 ans	27,2%	27,0%
35-44 ans	14,0%	19,3%
45-54 ans	14,5%	22,4%
55 ans et plus	44,1%	31,3%

*Source: *Enquête sur la population active*, Statistique Canada, mars 1982.

présentées à droite (répondantes) pour les rendre identiques à celles présentées à gauche (population féminine inactive).

Signalons les détails suivants quant aux statistiques présentées dans ce rapport:

- Les totaux, à moins d'indication contraire, excluent les non-réponses sauf si leur proportion est supérieure à 10% ou si la connaissance de leur répartition est nécessaire à la compréhension des tableaux.

- Les chapitres 1 à 6 concernent les 526 répondantes n'exerçant aucune activité rémunérée. Le dernier chapitre concerne les 167 personnes exerçant une activité à temps partiel. Dans certains cas, aux chapitres 2 et 3, plusieurs données concernent uniquement les personnes vivant avec un conjoint: les détails nécessaires seront alors indiqués.

- Comme les données sont pondérées, il peut y avoir des variations d'une unité dans les totaux: cela provient du fait que les chiffres sont arrondis et n'affecte en rien leur validité.

- Dans les tableaux croisés, nous avons utilisé le test du *khi* carré (χ^2) en choisissant un seuil de significativité de 0,05.

- Les personnes désireuses de consulter certains tableaux non inclus dans cet ouvrage peuvent les obtenir à l'adresse suivante: AFEAS, 180, boulevard Dorchester Est, bureau 200, Montréal (Québec) H2X 1N6.

Chapitre 1

ÊTRE FEMME AU FOYER, UN CHOIX OU LE RÉSULTAT DE CONTRAINTES

Généralement, deux attitudes prévalent lorsqu'on aborde le sujet des femmes au foyer. Pour certains, demeurer au foyer constitue d'abord et avant tout un choix personnel. Pour d'autres, c'est une situation imposée par les contraintes sociales. Dans le premier cas, l'analyse insiste sur les satisfactions éprouvées par les femmes qui consacrent leur temps et leur énergie au bien-être de leur famille. Dans le second cas, l'analyse fait apparaître l'ensemble des conditions sociales qui restreignent leurs possibilités de choix: accès à des postes peu rémunérateurs et peu intéressants, absence de partage des tâches dans le couple, politiques insuffisantes touchant la maternité, difficultés d'accès à des garderies, etc.

Il ne s'agit pas pour nous de favoriser une approche au détriment de l'autre, mais de les combiner. Il faut recourir à des données objectives sur la situation socio-économique des femmes et faire apparaître les contraintes qui s'exercent sur elles. Ces contraintes constituent un corridor à partir duquel elles opèrent un choix personnel. Nous avons voulu tracer une image fidèle de la situation qui tienne compte de leur expérience vécue. Le poids des conditionnements et des contraintes dans une société comme la nôtre n'apparaît pas tel qu'il enlève tout élément de choix dans la vie personnelle. Notre approche est semblable à celle présentée dans le document *Pouvoir choisir*[1] qui montre comment le choix de participer ou non au marché du travail est influencé par diverses contraintes: l'objectif n'est pas d'inciter toutes les femmes à participer au marché du travail mais de souligner la nécessité de politiques permettant d'exercer un véritable choix.

Ce chapitre comprend un ensemble de données décrivant les conditions de vie actuelles des femmes qui ont répondu à notre questionnaire: leur âge, la composition de leur ménage, leur milieu social, leur expérience sur le marché du travail et leur bagage scolaire, leur lieu de résidence, leur origine ethnique et l'importance de la religion dans leur vie. De plus, nous verrons quels facteurs sont, à leur avis, à l'origine de leur choix de demeurer au foyer. Nous pouvons de cette façon explorer les aspects objectifs et subjectifs de leur situation qui influencent leur non-participation au marché du travail.

Si nous pouvons retracer l'influence de plusieurs facteurs, il ne faut pas penser qu'ils sont à l'œuvre dans tous les cas. Trop souvent, une image univoque des femmes au foyer domine les représentations sociales. Mère de jeunes enfants débordée de travail ou femme indolente vivant à l'abri des soucis matériels grâce au labeur de son conjoint: comment faire apparaître la vérité derrière ces clichés? Nous tenterons d'éviter les simplifications en respectant la diversité des situations. Avec une telle perspective, les solutions envisagées sont plus susceptibles de répondre aux besoins des divers groupes identifiés par l'analyse.

1.   UNE QUESTION D'ÂGE

Les femmes au foyer vivent des réalités diverses selon leur âge. En effet, *elles proviennent de générations différentes et elles ne sont pas toutes au même stade de leur vie*. Le choix de demeurer au foyer a été vécu dans des contextes très différents suivant les *générations*. Les mentalités, les comportements et le contexte économique ont en effet changé au cours des dernières décennies. L'opposition au travail à l'extérieur des femmes mariées s'est atténuée, la taille des familles a diminué, le désir d'élever le niveau de vie familial ou de le maintenir, dans un contexte économique difficile, a conduit plusieurs femmes sur le marché du travail. Les modèles sociaux féminins se sont modifiés: l'idéal de la mère de famille dévouée à ses enfants se double maintenant de celui de la femme en quête d'un épanouissement personnel. Si ces changements permettent un éventail de choix plus grand, ils peuvent être source de contraintes et de culpabilité. Comment se mesurer à l'idéal de la super-femme qui cumule tous les rôles sans en négliger aucun?

Certains chiffres[2] donnent une idée de l'ampleur des modifications:

• Le taux de participation au marché du travail des Québécoises de 15 ans ou plus est passé de 29,5% en 1961 à 41,1% en 1976.
• La proportion de femmes mariées dans la population active féminine de 15 ans ou plus est passée de 31,8% en 1961 à 57,0% en 1976.

C'est dire que, pour les femmes au foyer les plus âgées, la décision de ne pas participer au marché du travail allait de soi. Pour les plus jeunes, la décision est probablement plus personnelle, car elles sont confrontées à des femmes qui font des choix différents. De plus, la décision ne se fait plus une fois pour toutes: plusieurs choisissent de retourner sur le marché du travail une fois leur famille élevée.

La répartition des âges parmi les répondantes se ressent de ces variations selon les générations. Elle se présente de la façon suivante:

• De 20 à 34 ans   27,3%
• De 35 à 44 ans   14,0%
• De 45 à 54 ans   14,5%
• De 55 à 64 ans   29,9%
• 65 ans et plus   14,4%
  Total (523)   100,0%

Les personnes âgées de 20 à 34 ans, tranche de 15 années, sont presque aussi nombreuses que les personnes âgées de 35 à 54 ans, tranche de 20 années. La présence importante des plus jeunes par rapport aux femmes d'âge moyen est probablement due à un phénomène de va-et-vient sur le marché du travail: c'est vers 35 ans en effet que la famille est le plus souvent complétée et que les enfants vont tous à l'école, ce qui laisse la possibilité à plusieurs de retourner sur le marché du travail.

La forte proportion des plus âgées (44,3% ont plus de 55 ans) pourrait être expliquée en bonne partie par le fait que la très grande majorité des Québécoises de cet âge demeuraient définitivement au foyer au moment de leur mariage, ce qui accentue leur importance numérique actuelle parmi l'ensemble des femmes au foyer. Soulignons enfin que cette proportion assez élevée des personnes plus âgées ne peut être attribuée à la présence parmi elles de retraitées du marché du travail: nos données indiquent qu'il n'y en a pas parmi les répondantes.

Cependant nous ne pouvons décrire la diversité des âges en nous bornant à parler des différences entre les générations. Nous devons faire intervenir une autre notion, celle de stade ou de *cycle de vie*. Les femmes au foyer dans la vingtaine avec de jeunes enfants, ou dans la trentaine avec des enfants adolescents, ou encore dans la cinquantaine seules ou avec leur conjoint, vivent des situations différentes à plusieurs égards. Les obligations sociales, les rôles à assumer, la charge de travail à accomplir, les intérêts, la définition de soi varient considérablement.

L'idée que la vie d'un individu passe par différents stades est commune à plusieurs disciplines. Lorsque ce concept est appliqué à l'étude de la vie des femmes, on a tendance à le centrer uniquement sur leur vie familiale. Une étude selon ce schéma est ponctuée par les événements suivants qui délimitent les stades de la vie d'une femme: son mariage, la naissance du premier enfant, la naissance du dernier enfant puis son départ et, finalement, la mort du conjoint (puisque la plupart des femmes lui survivent). Nous utiliserons ce schéma pour décrire les stades de vie auxquels se rattachent les répondantes en le simplifiant: nous ne tiendrons compte que de la présence d'enfants à la maison et de leur âge.

Il faudrait raffiner le concept de cycle de vie en l'adaptant aux réalités nouvelles, notamment en tenant compte de la participation discontinue des femmes au foyer au marché du travail. Il ne faudrait pas cacher que derrière un tel schéma d'analyse se profile l'idée que la vie des femmes est entièrement contenue dans les limites de leur famille. Mais il ne nous est pas possible de le faire ici, car nous ne nous sommes pas penchées sur l'histoire complète des aller et retour des répondantes sur le marché du travail ou de leurs activités hors du foyer.

Nous avons traduit la notion de cycle de vie en combinant l'âge des répondantes avec celui de leur plus jeune enfant. Il nous a semblé que les variations dans les rôles assumés par les femmes au foyer dépendent en grande partie du fait que leur enfant le plus jeune est d'âge préscolaire, scolaire ou adulte. Nous obtenons ainsi cinq groupes:

1. *Les jeunes femmes de 20 à 34 ans qui n'ont pas d'enfant.* Elles sont au nombre de sept seulement, soit 1,4% des 512 personnes ayant répondu à cette question. C'est dire qu'à l'heure actuelle très peu de jeunes femmes choisissent de demeurer au foyer à temps plein lorsqu'elles n'ont pas d'enfant.

2. *Les femmes ayant un ou des enfants d'âge préscolaire.* Elles forment un peu plus du quart (26,2%) du total. La plupart d'entre elles (117 sur 134) ont moins de 35 ans.

3. *Les femmes dont le plus jeune enfant est d'âge scolaire* (de six à dix-sept ans). Elles forment un autre quart (24,4%) de notre

échantillon. La majorité de ces femmes (91 sur 125) ont de 35 à 54 ans.

4. *Les femmes dont tous les enfants à la maison sont d'âge adulte* (dix-huit ans et plus). Elles forment 17,4% du total des répondantes. Parmi elles, la plupart (71 sur 89) ont 55 ans ou plus.

5. *Les femmes de plus de 34 ans qui n'ont pas d'enfant à la maison*. Elles forment 30,7% de l'échantillon. La plupart d'entre elles (139 sur 157) sont âgées de 55 ans ou plus, il s'agit probablement de femmes dont les enfants ont quitté le foyer.

Ainsi, le choix de demeurer au foyer s'exerce dans des contextes assez variés lorsque nous tenons compte de l'âge des répondantes. Pour les plus âgées, le choix initial s'est exercé une fois pour toutes, dans un cadre où la norme sociale consistait à quitter le marché du travail au moment du mariage ou de la venue d'un enfant. Pour les plus jeunes, il s'agit d'un choix personnel qui peut être revu selon les phases de la vie familiale. Il en résulte un groupe de femmes au foyer qui ont vécu et vivent encore des situations très diverses.

2. Une question de rôle

Quand on parle des femmes au foyer, on pense spontanément à des femmes mariées ayant des enfants. Dans notre société, les femmes adultes sont majoritairement mariées et on présume qu'elles ont à leurs côtés un conjoint qui gagne le revenu du ménage. On pense à des enfants: c'est la norme d'avoir des enfants dans notre société et le rôle le plus important des femmes au foyer serait de s'en occuper. Bref, les rôles d'épouse et de mère définissent les femmes au foyer. En est-il bien ainsi dans la réalité actuelle?

Près de 17 répondantes sur 20 correspondent à l'image de l'épouse (85,3% sur un total de 523 sont mariées). C'est dire que 3 femmes sur 20 se démarquent des représentations dominantes; ce sont des veuves (7,6%), des personnes vivant en union libre (2,2%), des femmes séparées (2,1%) ou divorcées (1,6%) et des célibataires (2,0%).

Il n'est pas étonnant de trouver parmi les répondantes un certain nombre de veuves, séparées ou divorcées. En effet, si «94 femmes sur 100 se marient, 26 seulement d'entre elles peuvent s'attendre à passer toute leur vie avec leur époux, 15 autres se sépareront ou divorceront et 53 deviendront veuves[3]». Ces chiffres sous-estiment sans doute la proportion de femmes séparées ou divorcées parmi la population canadienne actuelle, car elle augmente sans cesse, à l'inquiétude croissante des gouvernements. En effet ces femmes, de même que les veuves, deviennent souvent chefs de familles monoparentales et candidates à l'aide sociale lorsqu'elles ne peuvent trouver d'emploi.

Quant aux femmes vivant en union libre, nous pouvons penser que leur situation est identique à celle des femmes mariées, sauf en ce qui a trait à la protection légale advenant la fin de leur union: rien ne garantit en effet qu'elles recevraient quoi que ce soit en échange de leur contribution à la vie familiale. Enfin, les quelques célibataires de notre échantillon sont des femmes sans conjoint ayant charge d'enfant.

Qu'en est-il du rôle de mère qui est au cœur de la définition des tâches lorsqu'on parle des femmes au foyer? *Presque toutes les répondantes sont des mères:* 23 sur 25 d'entre elles ont eu des enfants, la moyenne est de 3,3 enfants par personne. C'est un fait connu: les femmes au foyer ont en général plus d'enfants que celles qui participent au marché du travail. Mais il est difficile de comparer notre échantillon à tout autre groupe parce qu'il comprend des femmes de toutes les générations. Comme les comportements de fécondité varient selon les générations, il faudrait procéder par groupes d'âges, ce qui dépasse les limites de notre travail. Rappelons seulement les résultats d'une étude sur les données du recensement canadien de 1971: «Dans tous les groupes d'âges, les ménagères à plein temps ont tendance à avoir plus d'enfants que les salariées à temps partiel qui, à leur tour, tendent à avoir plus d'enfants que les salariées à plein temps[4]».

La répartition du nombre d'enfants parmi les répondantes est la suivante:

• Aucun enfant	7,9%
• Un enfant	13,5%
• Deux enfants	23,8%
• Trois enfants	23,3%
• Quatre enfants	11,5%
• Cinq enfants	6,0%
• Six à neuf enfants	9,2%
• Dix à seize enfants	4,8%
Total (520)	100,0%

Ainsi, le rôle maternel représente ou a représenté une charge assez lourde pour la majorité d'entre elles. Ce fait explique largement leur choix de demeurer au foyer.

Comme ces femmes en sont à des moments différents de leur cycle de vie, les rôles d'épouse et de mère n'occupent pas la même place dans leur vie actuelle. Certaines n'ont pas encore d'enfant. Certaines ajouteront plus tard des enfants à ceux qu'elles ont déjà. Pour d'autres, les enfants devenus adultes ont déjà quitté le foyer.

Si la plupart habitent toujours avec leur conjoint, nous venons de voir que toutes ne sont pas dans ce cas. *Sur dix répondantes, seulement six correspondent à l'image typique des femmes au foyer avec conjoint et enfants:*

• Vivent avec leur conjoint et leur(s) enfant(s)	59,5%
• Vivent avec leur conjoint seulement	27,4%
• Vivent avec leur(s) enfant(s) sans leur conjoint	9,6%
• Vivent seules	3,5%
Total (519)	100,0%

Très peu de personnes (31 au total) ont en plus sous leur toit un membre de leur famille élargie: père, mère, beau-père, belle-mère, etc. Vu leur proportion peu importante (6,0%), nous avons inclus ces cas dans les catégories précédentes, sauf évidemment dans la catégorie «personne seule».

Si nous étudions la composition du ménage en fonction de la catégorie d'âge des répondantes, nous constatons l'influence sous-jacente du cycle de vie:

TABLEAU 1

COMPOSITION DU MÉNAGE SELON LES
CATÉGORIES D'ÂGE DES RÉPONDANTES

Personnes habitant avec la répondante	De 20 à 34 ans %	De 35 à 44 ans %	De 45 à 54 ans %	De 55 à 64 ans %	65 ans ou plus %
Conjoint et enfant(s)	88,6	91,9	65,8	40,3	7,6
Conjoint seulement	3,6	2,7	21,1	44,1	67,9
Enfant(s) seulement	7,8	5,4	10,5	9,1	17,0
Aucune (vit seule)	0	0	2,6	6,4	7,5
Total	100,0	100,0	100,0	100,0	100,0
(518)	(140)	(73)	(76)	(154)	(75)

Avant 45 ans, près de 9 femmes sur 10 vivent avec leur conjoint et leurs enfants; entre 45 et 54 ans, c'est le cas de 6,6 femmes sur 10. À partir de 55 ans, cette situation devient minoritaire.

En résumé, nous pouvons distinguer quatre groupes de femmes par rapport aux rôles assumés présentement:

1. Près de *six répondantes sur dix vivent actuellement avec leur conjoint et leur(s) enfant(s)* (59,5%). Elles demeurent au foyer pour remplir les tâches connexes aux rôles de mère et d'épouse.

2. *Un peu moins de trois répondantes sur dix vivent à l'heure actuelle uniquement avec leur conjoint.* Cette situation se présente surtout après 45 ans. Il s'agit donc de femmes dont les enfants ne demeurent plus au foyer. Si certaines peuvent souhaiter participer d'une certaine façon au marché du travail, d'autres peuvent désirer se consacrer à d'autres rôles: épouse, grand-mère, bénévole, etc..

3. *Près d'une répondante sur dix (9,6%) vit une situation de mère de famille monoparentale.* Elles se répartissent dans toutes les catégories d'âge. Nous pouvons supposer que, pour plusieurs femmes de ce groupe, la décision de demeurer au foyer est surtout attribuable à la difficulté d'accès à un emploi ou à des garderies.

4. *Très peu (18 répondantes ou 3,5%) vivent seules.* Ce sont des veuves, séparées ou divorcées de 45 ans ou plus. Pour ce dernier groupe, la décision de demeurer au foyer peut sans doute s'expliquer par l'âge ou la difficulté de trouver un emploi.

3.   UNE QUESTION DE MILIEU SOCIAL

La notion de milieu social permet de classer les individus ou les familles selon leurs ressources matérielles, leur bagage culturel, leur prestige social ou leur degré de pouvoir, bref, selon un ensemble de caractéristiques qui définissent un genre de vie et une position sociale. Les personnes pouvant être classées dans un même milieu ont généralement en commun certains comportements, certaines opinions, attitudes ou valeurs. Il existe une littérature abondante sur le sujet et en particulier sur la façon de classer les individus dans des catégories de milieu social.

Trois caractéristiques sont fréquemment utilisées pour définir l'appartenance à un milieu: l'occupation, le revenu et le bagage scolaire. Il est ainsi possible de procéder à des combinaisons de caractéristiques pour situer les individus ou les familles dans une hiérarchie allant des milieux les plus favorisés aux moins favorisés.

Il n'entre pas dans notre propos d'aborder les débats de fond très importants qui se retrouvent derrière cette question de classification: il s'agit en réalité de décrire et d'expliquer les inégalités sociales. Nous avons de bonnes raisons de refuser l'emprunt pur et simple d'une telle notion et d'appliquer des critères de classification déjà établis à un groupe de femmes au foyer. Voyons quelles sont ces raisons.

Les seules occupations retenues dans ces systèmes de classification sont les emplois rémunérés sur le marché du travail. La majorité de la population (les femmes au foyer, les jeunes aux études, les personnes âgées) n'y a donc pas de position propre. Généralement, pour éviter le problème que pose la classification des femmes mariées, on leur attribue le même milieu social que celui de leur conjoint. À première vue, cela paraît logique: tous les membres d'une famille peuvent profiter des avantages que procurent le prestige et le revenu du «chef de famille». Mais de nombreux sociologues s'élèvent de plus en plus contre cette façon de faire qui masque des problèmes essentiels pour les femmes[5]. En procédant ainsi, on masque l'inégalité entre les hommes et les femmes sur le marché du travail. Dans un couple, lorsque la femme a un emploi, il est en général de niveau inférieur à celui de son conjoint: le problème est réglé en ignorant son emploi à elle. On masque également la dépendance économique des femmes au foyer et leur absence de statut propre en faisant comme si le revenu du mari leur appartenait ou comme si le fait d'avoir épousé un homme exerçant telle activité leur conférait, à elles, le prestige de cette activité. On masque également la précarité de la situation des femmes au foyer: si leur conjoint s'en va ou meurt, leur laissant la charge des enfants, elles ne peuvent le plus souvent compter que sur leur propre expérience de travail et leur bagage scolaire pour s'en sortir. C'est ainsi que de nombreuses femmes dites de «classe moyenne supérieure» deviennent vendeuses, caissières ou serveuses de restaurant. Nous ne pouvons donc étudier la situation des femmes au foyer en empruntant des notions qui ignorent leur position propre, quant ce n'est pas leur existence...

La solution, selon Joan Acker, c'est de considérer trois aspects dans la définition du milieu social des femmes au foyer: leur statut propre (comme femmes au foyer), le statut que leur confère l'association avec un conjoint occupant tel emploi et leurs propres caractéristiques sociales avant leur mariage (occupation, formation académique et origine sociale).

L'étude du statut propre des femmes au foyer se ferait en intégrant l'occupation «femme au foyer» dans les échelles de statut existant déjà à propos des occupations rémunérées. Ces échelles sont construites en demandant à des personnes de classer les différentes occupations par rang d'importance en utilisant un ou plusieurs critères de classification.

Qu'arriverait-il si on y incluait la femme au foyer? La sociologue américaine Jessie Bernard[6] nous donne une idée de ce qui se produirait lorsqu'elle cite une étude réalisée par Wilma Scott Heide, qui a composé une telle échelle. Plutôt que d'inclure la femme au foyer dans sa liste soumise à l'évaluation des gens participant à l'enquête (solution adoptée par quelques chercheurs), elle a étudié les points attribués à des emplois où s'exercent des fonctions maternelles ou ménagères. Les résultats obtenus démontrent que ces fonctions sont peu valorisées. Les points y sont attribués par ordre décroissant d'importance, l'évaluation la plus basse étant le chiffre 999. Le pointage attribué résulte non pas d'une évaluation globale de chaque occupation mais du cumul de trois séries de points affectés à trois aspects différents de chaque occupation: certaines d'entre elles peuvent ainsi obtenir un même pointage. Les résultats les plus intéressants sont les suivants. Se retrouvent *ex-aequo* les emplois de mère en foyer nourricier, de gardien(ne) d'enfant en institution, de professeur(e) de maternelle, de surveillant(e) de salle de repos dans un magasin et de surveillant(e) de terrain de stationnement: tous cumulent 878 points. Quant aux fonctions ménagères, certains emplois de couture, de buanderie, de repassage ou de nettoyage totalisent 884, 885 ou 887 points. Bref, il serait important d'étudier de plus près le statut propre des femmes au foyer pour connaître la valeur attribuée socialement à leurs tâches.

Notre enquête ne comprend pas une analyse de ce statut, car il faudrait pour cela poser la question à un échantillon représentatif de toute la population, hommes et femmes. Nous disposons cependant de renseignements nécessaires pour évaluer le milieu social conféré par le revenu ou les caractéristiques du conjoint, et le milieu social atteint par la répondante elle-même au moment de sa cessation d'emploi.

Le revenu familial et les caractéristiques du conjoint

Comme 13,1% des répondantes ne vivent pas actuellement avec un conjoint, notre analyse du revenu familial ne décrit pas uniquement les revenus des conjoints. Dans un premier temps, nous avons étudié la répartition du revenu familial parmi l'ensemble des répondantes en la comparant avec la répartition des revenus des familles et des personnes seules du Québec pour l'année 1981:

TABLEAU 2

RÉPARTITION COMPARÉE EN POURCENTAGE DES FAMILLES
ET DES PERSONNES SEULES DU QUÉBEC
ET DE NOTRE ÉCHANTILLON SELON LA TRANCHE DE REVENU

Tranches de revenu annuel	% de la population québécoise	% de répondantes de notre échantillon
Moins de 10 000$	24,1	27,0
De 10 000$ à 19 999$	25,3	28,1
De 20 000$ à 29 999$	22,9	27,0
30 000$ et plus	27,7	17,9
Total	100,0	100,0
	(4 700)*	(485)

*Ces données portent sur un échantillon et non sur la population totale. Elles proviennent de Statistique Canada, «Répartition du revenu au Canada selon la table du revenu 1981», catal. 13-206, septembre 1982, tableau 1.

La majorité des familles de notre enquête (55,0%) disposent d'un revenu modeste (inférieur à 20 000$), et en cela, elles se démarquent peu des familles québécoises (49,4% disposent de la même tranche de revenu). La seule différence importante consiste en une sous-représentation des revenus de 30 000$ ou plus parmi nos répondantes (17,9%), en comparaison avec les familles québécoises (27,7% d'entre elles disposent de tels revenus). Peut-on attribuer cette différence à la présence de familles où les deux conjoints ont des revenus d'emploi parmi l'ensemble de la population québécoise? Deux facteurs vont à l'encontre d'une telle explication. En premier lieu, on sait que le taux de participation des femmes au marché du travail diminue lorsque le revenu du conjoint augmente. Cette tendance s'explique par le fait que la femme va plus souvent sur le marché du travail lorsque le revenu de son conjoint est insuffisant pour subvenir aux besoins de la famille. En second lieu, nous savons que le revenu féminin provenant d'un emploi est en général moins élevé que celui du conjoint. Les familles à double revenu cumulent donc en majorité des salaires peu élevés.

Voyons maintenant comment se répartissent les revenus familiaux parmi les répondantes selon la composition de leur ménage et selon leur âge.

TABLEAU 3

TRANCHES DE REVENU FAMILIAL
SELON LA COMPOSITION DU MÉNAGE

Tranches de revenu	Habite avec conjoint (et enfants selon le cas) %	Habite sans conjoint et avec enfants %	Habite seule %
Moins de 10 000$	19,2	90,5	68,8
De 10 000$ à 19 999$	30,4	7,1	18,8
De 20 000$ à 29 999$	30,2	2,4	6,2
30 000$ ou plus	20,1	0	6,2
Total	100,0	100,0	100,0
(485)	(427)	(42)	(16)

Le fait pour une répondante d'habiter avec ou sans conjoint influence énormément le revenu familial dont elle dispose. C'est parmi les plus pauvres, c'est-à-dire celles dont le revenu familial est inférieur à 10 000$, que la différence est la plus marquée. Parmi les femmes habitant avec leur conjoint, deux sur dix se situent dans cette tranche de revenu. La proportion s'élève à neuf sur dix parmi les femmes chefs de familles monoparentales. La plupart des personnes seules (11 sur 16 au total) sont également dans cette tranche de revenu. C'est dire que *si la présence d'un conjoint ne prémunit pas nécessairement contre la pauvreté, son absence en est presque le gage pour la femme au foyer.*

La distribution du revenu familial de ces femmes selon leur âge nous apprend que les répondantes âgées de 65 ans ou plus disposent de revenus moins élevés que l'ensemble, ce qui correspond à la tendance générale dans la population.

• Si 59,1% des répondantes de 65 ans ou plus disposent d'un revenu inférieur à 10 000$, c'est le cas de 27,5% de l'ensemble.

• Pour les autres tranches de revenu, la proportion de femmes âgées de 65 ans et plus est toujours inférieure à la proportion de répondantes de tous âges disposant du même revenu, la différence entre les deux groupes étant d'environ 10% dans tous ces cas.

Voyons maintenant le milieu social défini par l'occupation du conjoint. (Les pourcentages sont calculés sur le total de 439.) Étant donné la distribution des âges des répondantes, il n'est pas étonnant de constater que les conjoints retraités forment le groupe le plus important

(23,0%). Si nous y ajoutons les chômeurs (4,1%) et les étudiants (0,5%), nous arrivons à la proportion de 27,6% des conjoints qui ne participent pas au marché du travail.

Si nous considérons ceux qui occupent un emploi, les catégories les plus favorisées ne regroupent qu'une minorité: 10,9% occupent un poste de dirigeant ou de cadre et 5,2% sont des professionnels. Les semi-professionnels et les techniciens (5,9%) ont une présence aussi restreinte. Les contremaîtres et les surveillants de cols blancs (3,0%), les fermiers, bûcherons et mineurs (3,0%), les travailleurs des services de protection et de sécurité (1,6%) forment des groupes très peu nombreux. Quant aux cols blancs (commis à l'administration, vendeurs) ils représentent 9,3% de l'ensemble. Les ouvriers et manœuvres sont les mieux représentés dans l'échantillon avec 30,6% des conjoints: près de la moitié de ces derniers (14,6%) se trouvent dans le secteur industriel (manufactures et construction), les autres se répartissant par petits groupes dans les autres secteurs d'activité. Les 3,0% qui restent sont inclassables.

Bref, en majorité les conjoints des répondantes sont soit ouvriers (30,6%), soit absents du marché du travail (27,6%). Seulement 16,1% du total pourraient être considérés comme assez favorisés (cadres, propriétaires, professionnels). C'est dire que la plupart sont d'un milieu social assez modeste.

Un peu plus du quart (28,4%) des conjoints des répondantes ont complété une septième année ou moins (pourcentages calculés sur un total de 425). Ce chiffre ne devrait pas nous surprendre, étant donné la proportion non négligeable de retraités, les générations les plus anciennes étant les moins scolarisées. À peu près le même nombre (28,2%) ont complété entre huit et dix années d'études. C'est dire que la majorité des conjoints n'ont pas complété leur secondaire. Un peu plus du cinquième (21,5%) ont comme bagage scolaire une onzième ou une douzième année. Ainsi, 22,0% des conjoints ont atteint un niveau supérieur à la douzième année. Si nous mettons ces chiffres en parallèle avec ceux décrivant leur emploi, nous pouvons dire que la dominance des retraités et des ouvriers et manœuvres se manifeste sur le plan du bagage scolaire.

Si nous résumons la situation familiale des répondantes en termes de milieu social, nous pouvons dire que la majorité appartiennent à un milieu modeste.

Les caractéristiques d'emploi et de scolarité de la répondante

Pour situer les femmes au foyer dans leur milieu social propre, il est important de connaître leur expérience de travail antérieure et leur bagage scolaire. Ces deux caractéristiques définissent en effet leurs chances d'accès au marché du travail. Cette possibilité d'accès est primordiale si on veut véritablement parler de choix, d'autant plus que de nombreuses femmes désirent de plus en plus retourner sur le marché du travail, une fois leur famille élevée, ou doivent le faire par suite de séparation, divorce ou veuvage.

En analysant le type de *participation antérieure au marché du travail* des répondantes, nous voyons que nous avons affaire à deux types de femmes: celles qui n'ont jamais travaillé à l'extérieur de leur foyer et celles qui ont participé de façon temporaire au marché du travail. Le premier groupe représente 41,9% de l'ensemble. Les travailleuses temporaires comprennent 31,9% de personnes qui ont d'abord travaillé, puis sont demeurées au foyer et 26,2% qui ont, selon les périodes, alterné travail à l'extérieur et travail au foyer. Le premier groupe mesure l'importance numérique de celles qui ont toujours dépendu économiquement de leur conjoint. Le groupe de participantes temporaires comprend sans doute des femmes susceptibles de retourner à nouveau dans la population dite «active».

Le type de participation au marché du travail varie beaucoup selon l'âge. Environ la moitié des répondantes à partir de 45 ans n'ont

TABLEAU 4

TYPE DE PARTICIPATION ANTÉRIEURE AU MARCHÉ DU TRAVAIL
SELON LES CATÉGORIES D'ÂGE

Type de participation	De 20 à 34 ans %	De 35 à 44 ans %	De 45 à 54 ans %	De 55 à 64 ans %	65 ans ou plus %
Jamais travaillé à l'extérieur du foyer	20,7	38,9	48,0	54,7	53,8
D'abord travaillé, puis demeurée au foyer	49,3	38,9	28,0	16,7	27,7
Travaillé de façon intermittente	30,0	22,2	24,0	28,7	18,5
Total (502)	100,0 (140)	100,0 (72)	100,0 (75)	100,0 (150)	100,0 (65)

jamais travaillé à l'extérieur de leur foyer. Cette proportion s'abaisse à près de quatre femmes sur dix entre 35 et 44 ans et à une sur cinq en dessous de 35 ans.

Nous nous sommes également penchées sur le dernier emploi occupé par celles qui ont déjà participé au marché du travail. Ces emplois ont des caractéristiques communes: en général, ils ne nécessitent pas de formation spécialisée, ils permettent un travail saisonnier ou à temps partiel, ils sont propices au va-et-vient, ils comportent peu de chances de promotion et ils sont peu rémunérateurs.

Les trois quarts des répondantes ayant déjà été sur le marché du travail (pourcentages calculés sur le total de 262) occupaient ce type d'emploi au moment où elles l'ont quitté: 26,0% étaient employées de bureau; 20,6% étaient travailleuses dans les services; 20,2% étaient ouvrières dans le secteur de la production; 11,8% étaient employées de magasin et 3,8% travaillaient dans les transports, communications et utilités publiques.

Parmi les plus favorisées, nous retrouvons 9,9% de semi-professionnelles et quelques gérantes, contremaîtresses ou chefs d'entreprise (1,9% au total). Quelques-unes (5,7%) sont inclassables. Il s'agit bien sûr de types d'emplois traditionnellement féminins conçus au départ par celles qui les ont choisis comme temporaires et présentant peu d'attraits susceptibles de les retenir sur le marché du travail. De plus, ils assurent rarement de quoi faire vivre toute une famille et à peine de quoi faire vivre décemment une personne seule: il n'y a pas lieu de s'étonner qu'on quitte facilement ce genre de travail. Ainsi, l'expérience de la majorité de ces femmes les prépare mal à assumer des responsabilités financières en cas de besoin.

Qu'en est-il de leur *bagage scolaire*? Nous constatons que trois sur dix (30% sur un total de 503) ont complété sept années ou moins, ce qui correspond à peu près au niveau primaire. La même proportion (31,7%) a complété de huit à dix années de scolarité: ainsi, six répondantes sur dix n'ont pas complété le niveau secondaire. Un peu plus du quart (27,7%) ont poussé leurs études jusqu'en onzième ou douzième année. Seulement 10,7% ont complété treize années ou plus.

Comme le marché du travail n'offre réellement de chances qu'à partir du moment où le niveau secondaire est complété et comme l'occupation antérieure de ces femmes ne les destine pour la plupart qu'à des travaux non qualifiés, nous pouvons constater encore une fois que la majorité des femmes de notre échantillon auraient du mal à se trouver du travail si elles en éprouvaient le besoin.

La situation varie selon les catégories d'âge, réflétant en cela un phénomène de générations. Si 31,9% des moins de 35 ans n'ont pas complété leur secondaire, dans les autres groupes, c'est le fait de 63% ou plus des répondantes. Ainsi, parmi les personnes âgées de 35 à 44 ans, la proportion qui n'a pas atteint la onzième année est de 63,3% et elle se situe aux environs de 75% à partir de 45 ans. La société québécoise a connu durant les dernières décennies un phénomène général de scolarisation plus poussée et une participation accrue des femmes aux études post-secondaires.

La société industrielle avancée a besoin d'une main d'œuvre plus scolarisée, elle a en particulier multiplié les postes utilisant un savoir ou un type de rationalité acquis dans les institutions scolaires. Ainsi, moins on a de bagage scolaire, moins on a de chances d'avoir du travail et surtout moins on a de chances d'occuper un poste rémunérateur et intéressant. Ce phénomène est encore plus marqué chez les femmes, d'autant plus qu'elles ont, par rapport aux hommes, accès à un éventail de postes assez réduit, moins bien payés et offrant des chances de promotion limitées. D'où l'importance particulière du diplôme pour elles. Si, dans la population plus jeune, les filles ont tendance à se rapprocher des garçons sur le plan de la scolarisation, chez les autres, l'écart demeure grand.

Les femmes de 35 ans ou plus qui sont demeurées au foyer pour élever leurs enfants et qui souhaiteraient retourner aux études ou sur le marché du travail sont ainsi particulièrement défavorisées car, pour accéder à un poste, seuls comptent le savoir acquis dans les institutions scolaires et l'expérience sur le marché du travail. Dans les institutions scolaires, la majeure partie de la formation est orientée vers les jeunes et l'éducation des adultes laisse peu de place aux femmes au foyer en dehors de la formation culturelle.

4. AUTRES CARACTÉRISTIQUES

Le lieu de résidence

Les répondantes proviennent de toutes les régions du Québec. C'est dire qu'elles évoluent dans des cadres de vie assez variés. Nous avons exploré deux sources de variations: la région administrative et le nombre d'habitants de la localité de résidence. Nous ne nous sommes pas arrêtées à la distinction entre milieu rural et milieu urbain parce que, en plus des problèmes méthodologiques de définition de tels milieux, la proportion de la population québécoise se consacrant à l'agriculture est extrêmement réduite. Enfin, étant donné la densité et la variété des échanges dans une société comme la nôtre, il devient hasardeux d'opposer, comme on le faisait auparavant, une mentalité urbaine et une mentalité rurale.

Les dix régions administratives du Québec ont été établies par le gouvernement québécois en fonction de trois critères principaux: le lieu de travail, le lieu d'achat de certains produits de consommation courante et le lieu d'établissement de certains services tels que les hôpitaux et les maisons d'enseignement. Les régions ainsi désignées correspondent à des unités d'échanges et d'influence principalement économiques[7].

Les études s'appuyant sur cette division administrative font ressortir la prédominance de Montréal comme pôle de développement économique et l'existence de disparités importantes entre les régions à propos de la participation à la population active, des revenus et du chômage. Il existe en fait deux types de régions[8]: le «Québec de base» fortement industrialisé et polarisé vers Montréal (Montréal, Outaouais, Québec, Trois-Rivières et Cantons de l'Est) et le «Québec des ressources» dont l'économie est orientée vers les ressources naturelles (Bas-Saint-Laurent/ Gaspésie, Saguenay-Lac Saint-Jean, Nord-Ouest, Côte-Nord et Nouveau-Québec). Ces dernières ont les taux de participation au marché du travail les moins élevés et les taux de chômage les plus élevés. C'est dire que les répondantes habitant le «Québec de base» ont un accès plus facile au marché du travail, aux études et à divers autres types de services: or il s'agit de la grande majorité (83,8%). Le Québec des «ressources» ne regroupe que 16,2% de l'ensemble:

TABLEAU 5

RÉPARTITION DES RÉPONDANTES
SELON LES RÉGIONS ADMINISTRATIVES

Québec de base	%	Québec des ressources	%
Montréal	46,1	Bas-Saint-Laurent/Gaspésie	3,9
Outaouais	3,7	Saguenay-Lac-Saint-Jean	7,2
Québec	18,0	Nord-Ouest	3,0
Trois-Rivières	11,9	Côte-Nord	1,8
Cantons de l'Est	4,3	Nouveau-Québec	0,2
Total (410)	83,8	Total (76)	16,2

Nous avons une meilleure idée de la concentration territoriale des répondantes si nous ajoutons que 225 des 410 résidentes du «Québec de base» sont de la région montréalaise. Il y a donc, à première vue, une certaine uniformité des possibilités d'accès au marché du travail et à certains biens et services, toutes autres choses étant égales par ailleurs. Soulignons que la répartition des répondantes se rapproche d'assez près de celle de la population québécoise: 87,1% des Québécois habitaient le «Québec de base» en 1971.

Toutefois, cette impression d'uniformité se corrige quelque peu si nous tenons compte de l'importance de la localité de résidence. Près du tiers des répondantes (33,7%) habitent en effet des localités dont la population est inférieure à 5 000 habitants; près du quart (26,3%) résident dans des municipalités de 5 000 à 24 999 habitants, près du quart encore (24,2%) se trouvent dans des villes de 25 000 à 99 999 habitants et seulement 15,8% habitent les plus grandes villes de 100 000 personnes et plus. (Pourcentages calculés sur un total de 487.) Précisons que la taille de la ville a été établie en se référant au *Répertoire des municipalités du Québec*, car nous disposions du nom de la localité de résidence.

Une forte majorité des répondantes habitent ainsi des municipalités de taille petite ou moyenne. C'est dire que l'accès au marché du travail et à certains biens et services nécessiterait sans doute pour plusieurs un déplacement de leur environnement immédiat.

De la diversité des lieux de résidence, il est toutefois difficile de conclure à une diversité des modes de vie ou des mentalités, le développement des transports et des mass-media assurant une certaine uniformité. C'est pourquoi nous nous bornons à évoquer les différences d'accès au marché du travail, à certains biens et services et sans doute pouvons-nous ajouter une différence de densité des échanges sociaux.

L'origine ethnique

Nous avons exploré deux dimensions de l'origine ethnique: le lieu de naissance et la langue maternelle. Nous nous attarderons peu sur ces variables étant donné la grande homogénéité des répondantes. La plupart (89,8%) sont nées au Québec, les autres proviennent soit d'une autre province (5,2%) ou d'un pays autre que le Canada (5,0% sur un total de 521). Les résultats quant à la langue maternelle coïncident à peu près avec les précédents. En effet, la plupart (88,0%) sont de langue maternelle française, seulement 9,2% sont de langue maternelle anglaise et 2,9% (sur un total de 524) mentionnent une autre langue. La faible représentation des non francophones peut être due à deux facteurs:

1) un taux de réponse moins élevé chez elles que chez les francophones;

2) un taux de participation au marché du travail plus grand chez les non-francophones.

La religion

Presque toutes (91,6% sur un total de 524) affirment être de religion catholique. Les autres sont protestantes (6,3%) ou déclarent d'autres religions (1,4%). Mais une fois établie l'appartenance religieuse, nous devons regarder dans quelle mesure elle se traduit dans la pratique.

Pour la grande majorité, transmettre des valeurs religieuses à ses enfants est un principe bien établi. En effet, la plupart des répondantes (86,1% sur un total de 512) sont totalement ou plutôt d'accord qu'il est important de transmettre des valeurs religieuses à ses enfants. Les autres sont plus ou moins d'accord (10,2%), ou plutôt ou totalement en désaccord (3,7%) avec cette proposition.

Quant à la présence de la religion dans la vie quotidienne, près des deux tiers (68,2% sur un total de 472) discutent de religion à certains moments avec leur famille ou avec leurs amis, un peu plus d'une sur deux (55,5%) s'informent à l'occasion sur le sujet et il arrive à un peu plus du tiers (36,4%) de participer à des activités religieuses (cours, conférences, rencontres de groupe, etc.).

TABLEAU 6

FRÉQUENTATION D'UNE ÉGLISE
AU COURS DU MOIS PRÉCÉDANT L'ENQUÊTE
SELON LES CATÉGORIES D'ÂGE

Fréquence	20 à 34 ans %	35 à 44 ans %	45 à 54 ans %	55 à 64 ans %	65 ans et plus %
Aucune fois	57,6	27,8	26,8	21,4	19,1
1 à 3 fois	24,5	22,2	19,7	14,5	11,8
4 à 6 fois	16,5	43,1	38,0	47,6	45,6
7 fois et plus	1,4	6,9	15,5	16,5	23,5
Total	100,0	100,0	100,0	100,0	100,0
(495)	(139)	(72)	(71)	(145)	(68)

Les données sur la pratique religieuse au cours du mois précédant l'enquête sont particulièrement intéressantes: un tiers (33,0%) des répondantes n'ont pas du tout fréquenté d'église ou tout autre lieu de culte pendant ce mois. Près de deux sur dix (18,8%) y sont allées de une à trois fois, c'est-à-dire moins souvent que ne leur prescrit la religion. Ainsi, un peu moins de la moitié (48,1%) des répondantes sont allées à l'église quatre fois ou plus au cours de la période témoin d'un mois. Les femmes de 20 à 34 ans se détachent très nettement des autres catégories d'âge par une fréquentation beaucoup moindre de l'église: 57,6% d'entre elles n'y sont pas allées au cours du mois, alors que la proportion est de 19,1% à 27,8% parmi les autres tranches d'âge.

La religion catholique a toujours valorisé le rôle de mère chez les femmes. Au Québec, cette valorisation s'est faite à certains moments à l'exclusion des autres rôles possibles. Le choix de ne pas participer au marché du travail pourrait apparaître à certains égards comme tributaire d'une conception des rôles féminins qui doit beaucoup à l'influence religieuse. Si cette explication pourrait être valable pour la majorité des répondantes, elle ne vaut pas pour toutes et en particulier pour les femmes au foyer les plus jeunes. Mais les limites de notre étude ne nous permettent pas de nous avancer plus loin sur ce terrain.

CONCLUSIONS

Les données examinées jusqu'ici nous permettent de repérer certaines contraintes objectives qui limitent les possibilités de choix entre le travail au foyer et le travail à l'extérieur. Mais cela ne correspond pas nécessairement à la perception de ces femmes. En effet, constater objectivement que l'accès au marché du travail est limité pour la plupart n'équivaut pas à dire qu'elles ont choisi de demeurer à la maison parce qu'elles ne trouvent pas d'emploi satisfaisant. Les deux formes d'explication ne sont pas mutuellement exclusives, elles correspondent plutôt à deux aspects différents de la réalité.

Qu'en pensent elles-mêmes ces femmes? Nous leur avons soumis une liste de huit raisons possibles en leur demandant si oui ou non chacune avait influencé leur choix de demeurer à la maison. Les raisons énumérées ont été choisies en référence à la littérature existante sur le sujet, elles ne sont donc pas arbitraires et ont été prétestées avant d'être soumises à notre échantillon. De plus, nous avons donné la possibilité d'exprimer toute autre raison non prévue en laissant un espace à cet effet dans le questionnaire. Seulement 43 répondantes se sont prévalues de cette possibilité et les raisons ajoutées sont si diverses que nous pouvons conclure que la liste prévue n'ignorait rien d'essentiel.

Les résultats sont les suivants. Nous indiquons pour chaque raison le pourcentage de personnes ayant indiqué que cette raison avait influencé leur choix, pourcentage calculé sur le total des répondantes à l'enquête, soit 526.

• La présence à assurer auprès des enfants	66,5%
• Le travail ménager à assumer à la maison	44,9%
• L'attitude de votre conjoint souhaitant votre présence au foyer	41,4%
• Des problèmes de santé	15,4%
• Une formation insuffisante pour obtenir un emploi à votre goût	13,3%
• L'absence d'emploi pour vous	11,8%
• Autres raisons	8,2%
• Un problème de transport par rapport aux emplois disponibles	7,6%
• Votre emploi du moment ne vous intéressait pas	6,1%

La raison la plus importante est, de loin, la présence à assurer auprès des enfants: les deux tiers des répondantes indiquent qu'elle a influencé leur décision de demeurer au foyer. Le travail ménager et la volonté de se conformer aux souhaits du conjoint ont à peu près la même importance, mais chacune de ces raisons ne rejoint qu'environ quatre répondantes sur dix. Les autres motifs sont marginaux, car ils n'ont d'effet que sur moins de 16% de l'ensemble. Rappelons qu'une raison n'en exclut pas une autre car chaque femme devait nous dire si oui ou non chaque raison l'avait influencée.

La raison majeure demeure donc la présence à assurer auprès des enfants: les autres contraintes ne font que se greffer à celle-là. Mais dans quel sens joue la contrainte du rôle maternel: s'abstient-on de travailler à l'extérieur du foyer parce qu'on a plusieurs enfants ou décide-t-on d'arrêter la participation au marché du travail pour avoir plus d'enfants? Bref, s'agit-il surtout d'un problème de contraintes matérielles ou le choix est-il dû à une motivation particulière à l'égard de la maternité et du marché du travail? Il nous est impossible de rendre compte de la complexité des études sur le sujet. Mentionnons seulement une explication intéressante:

Il s'agit là très probablement d'un processus d'interaction où chaque décision affecte les autres options possibles. Par exemple, une intégration précoce au marché du travail peut amener la femme à différer les naissances et peut favoriser son avancement professionnel, ce qui peut l'amener à poursuivre sa carrière, à souhaiter moins d'enfants et ainsi de suite. Par contre, si elle reste à la maison, elle aura un ou des enfants plus rapidement, elle se jugera peut-être incapable de s'intégrer immédiatement au marché du travail à cause du ou des enfants et, plus tard, elle aura des difficultés à trouver un emploi satisfaisant à cause de son âge et de son manque d'expérience. Le fossé entre la participation active au marché du travail et les obligations maternelles se creuse donc de plus en plus. Tout ce que nous pouvons constater ici, c'est qu'il y a corrélation positive entre le déclin de la fécondité et l'augmentation du taux d'activité des femmes[9].

Cependant, il faut noter que le rôle maternel n'est pas mentionné par toutes les répondantes: pour un tiers, la raison est à chercher ailleurs.

Mais les mentalités et les contraintes objectives ne se bornent pas à limiter les possibilités de choix des femmes, elles définissent aussi le terrain de ce choix. En effet, c'est parce que la présence auprès des enfants et le travail ménager sont considérés comme des rôles féminins que les femmes ont à choisir entre le travail au foyer à plein temps et le travail à l'extérieur. Si la charge de travail au foyer est lourde et si le gain prévisible d'un emploi est peu élevé, une femme choisira probablement de demeurer au foyer à plein temps lorsque le revenu de son conjoint est suffisant. Mais le choix pourrait être différent si les tâches étaient partagées autrement au sein de la famille et si le marché du travail était plus intéressant pour les femmes.

En terminant, citons quelques chiffres d'un sondage récent du *New York Times* effectué du 11 au 20 novembre 1983 auprès d'un échantillon de 1 309 adultes américains. On a posé la question suivante: «Si vous étiez libre de faire l'un ou l'autre, préféreriez-vous travailler à l'extérieur du foyer ou demeurer au foyer pour prendre soin de votre maison et de votre famille?» Les résultats sont les suivants[10]:

• 62,0% des femmes au foyer y demeureraient;
• 33,0% des femmes en emploi choisiraient le foyer;
• 21,0% des hommes en emploi choisiraient le foyer;
• 21,0% des hommes sans emploi demeureraient au foyer.

Près des deux tiers des femmes américaines en emploi et au foyer sont donc dans une situation qui leur convient et un tiers changeraient d'occupation si c'était possible. Quant aux hommes en emploi ou non, un cinquième (est-ce un fait nouveau?) assumeraient volontiers les tâches du foyer.

Mais les données de notre enquête montrent bien que les possibilités réelles de choix sont limitées pour la majorité des femmes au foyer. *Le rôle de mère n'a pas seulement pour conséquence le retrait actuel du marché du travail, il ferme aussi des portes pour l'avenir.* Compte tenu de leurs études antérieures, de leur expérience sur le marché du travail et de l'âge d'une fraction importante des répondantes, la réinsertion dans des études ou sur le marché du travail pourrait s'avérer pénible, sinon impossible. Cela peut être une question de survie pour celles qui se retrouvent sans conjoint après un décès, une séparation ou un divorce.

Chapitre 2

LA DÉPENDANCE ET L'INSÉCURITÉ FINANCIÈRES DES FEMMES AU FOYER

Contrairement à l'idée généralement reçue, la sécurité financière des femmes au foyer est loin d'être réglée une fois pour toutes. Et lorsque le revenu du ménage est suffisant pour faire vivre une famille, la sécurité a pour contrepartie un état de dépendance financière pour ainsi dire complète. Ce sont là deux constatations principales qui ressortent des données de l'enquête sur la situation financière et juridique des femmes au foyer.

On sait qu'à la naissance du premier enfant, beaucoup de femmes abandonnent d'autant plus facilement leur emploi qu'il est ordinairement peu rémunérateur et peu stimulant et qu'elles ont été élevées avec l'idée que tout ça est dans l'ordre des choses. Les femmes au foyer peuvent ainsi consacrer toute leur vie à l'éducation des enfants, à l'entretien de la maison et au bien-être général de la famille, sans autre rémunération qu'une reconnaissance affective pour leur travail et un accès, souvent bien restreint, aux ressources familiales.

Il est vrai que le droit québécois de la famille (Loi 89) accorde aux époux l'égalité dans le mariage; ils ont les mêmes droits et les mêmes obligations. La loi précise que les époux contribuent aux charges du ménage en proportion de leurs facultés respectives, chacun pouvant s'acquitter de sa contribution par son activité au foyer.

La loi ne prévoit par contre aucune règle de partage des revenus entre conjoints. Le revenu appartient en propre à celui qui le reçoit; le partage relève des ententes privées. Les gouvernements misent beaucoup sur ces ententes et comptent sur les conjoints pour répondre aux besoins des femmes au foyer. Le régime fiscal et les politiques sociales entretiennent cet état de dépendance, laissant croire que tout est bien ainsi. Aucune mesure n'incite les conjoints à reconnaître financièrement le travail au foyer, condition essentielle à une forme d'autonomie dans la famille.

Mais il y a plus: en décidant de demeurer au foyer, les femmes perdent leurs droits de citoyennes à part entière. Elles sont englobées dans une entité familiale et le travail qu'elles exercent les classe parmi la main-d'œuvre «inactive» dans les statistiques. N'étant pas des travailleuses rémunérées, elles ne peuvent bénéficier des avantages sociaux accordés aux autres travailleurs et elles sont exclues de certains régimes publics, tels que les régimes de pension.

La dépendance financière au sein de la famille implique donc aussi une place à part dans la société. Les mentalités aidant, la société perpétue cet état de dépendance. Ainsi l'on exigera la signature du conjoint lors d'une transaction financière, même si la femme a atteint une autonomie personnelle à l'intérieur du couple. Les entreprises commerciales incitent fortement les femmes à utiliser le crédit du mari plutôt que d'établir une cote en leur propre nom. En d'autres termes, les femmes au foyer n'ont pas de crédit et peuvent difficilement effectuer des transactions en leur nom personnel.

Tant que la bonne entente règne dans le couple, la dépendance financière peut certes être supportable: dans la vie de tous les jours, les ententes de partage n'ont guère d'importance pour la majorité des femmes au foyer. C'est lorsque l'harmonie se brise ou qu'un événement met fin à la vie du couple qu'on mesure la gravité de la situation des femmes au foyer.

Plusieurs études gouvernementales canadiennes révèlent que la pauvreté est très souvent le lot des femmes[1]. Elles ont montré les ravages provoqués par la dépendance financière envers l'époux, par l'imprévoyance et par l'insuffisance des politiques gouvernementales.

Les couples se marient habituellement avec l'idée de prolonger leur union jusqu'à la fin de leurs jours. La séparation, le divorce ou le veuvage apparaissent comme des menaces bien lointaines. Les femmes ont tendance à penser que leur sécurité financière est assurée. Or, cette vision est fausse dans la majorité des cas. D'abord, étant donné l'espérance de vie plus grande des femmes, plusieurs se retrouvent veuves à un moment donné de leur vie. De plus, les unions étant de plus en plus instables, les séparations et les divorces s'accroissent sans cesse.

Rappelons encore une fois ces chiffres très importants extraits du document *La femme et la pauvreté*. Ils montrent à quel point cette impression de sécurité repose sur des bases fragiles: «trois femmes sur quatre seront seules à un moment donné au cours de leur vie. Bien que 94 femmes sur 100 se marient, 26 seulement d'entre elles peuvent s'attendre de passer toute leur vie avec leur époux; 15 autres se sépareront et divorceront et 53 deviendront veuves» (page 28).

Deux catégories de femmes seules sont particulièrement touchées par la pauvreté, les femmes chefs de familles monoparentales et les femmes âgées. Les données suivantes, tirées du rapport *Pauvre et seule*, p. 1, illustrent bien la situation:

> Au Canada, en 1973, 8,6% des familles avaient une femme pour chef, 28,7% de ces familles étaient économiquement faibles. Le revenu annuel de 59,0% des ménages ayant pour chef une femme (incluant à la fois les familles et les personnes seules) était inférieur à 5 000$, 17,0% des ménages ayant pour chef un homme avaient un revenu annuel inférieur à 5 000$ (…) La situation des femmes âgées était particulièrement cruelle. Presque les trois quarts des femmes de 65 ans et plus avaient en 1973 un revenu inférieur à 5 000$.

En fait, lorsque les femmes au foyer n'ont plus de conjoint, leurs chances de s'en tirer, financièrement parlant, sont minimes. Tout dépend du régime matrimonial sous lequel elles étaient mariées, de l'avoir financier de leur conjoint ou de la volonté de celui-ci de reconnaître leur travail au foyer. Leur âge, le nombre et l'âge des enfants à charge et leur capacité de retourner sur le marché du travail sont autant de variables qui permettent de voir dans quelle mesure elles pourront éviter la pauvreté.

Dans la première partie de ce chapitre, nous verrons la participation de chacun des conjoints à l'administration du budget, les arrangements prévus pour faire face à des dépenses personnelles et l'accès possible à un compte en banque. Nous pourrons ainsi mesurer le degré de dépendance financière des femmes au foyer. Nous verrons en second lieu si leur situation juridique les protège, advenant le décès ou le départ de leur conjoint. Pour cela, il faut examiner leur régime matrimonial, la part prévue pour elles par le testament et l'assurance-vie de leur conjoint, la propriété légale de leur logement et leur contribution à un régime de pension. Ces thèmes sont apparus particulièrement pertinents à la lumière des études antérieures de l'AFEAS. Les expériences d'animation et de discussion auprès des femmes au foyer ont permis de découvrir les éléments suivants:

• Les sentiments ambivalents éprouvés par ces femmes envers la dépendance financière;
• Leur imprévoyance de l'avenir;
• Les difficultés rencontrées lorsqu'elles veulent discuter des arrangements légaux de leur union;
• La stupéfaction du mari qui ne voit pas la nécessité de remettre en question ces aspects de leur union;
• Le chantage affectif qui en résulte.

Les relations quotidiennes comptent plus, pour la plupart de ces femmes, que les grands principes. Si tout va bien affectivement, elles refoulent les «détails» qui clochent et remettent la discussion à plus tard. D'où l'idée de leur demander, en plus, leur opinion sur la dépendance financière et la sécurité assurée des femmes au foyer.

Ce sont des détails «triviaux» dont la littérature scientifique sur les relations familiales parle peu. Comme nous le verrons, dans le prochain chapitre, cette littérature s'intéresse plutôt au partage des tâches et des décisions et au climat des relations. Si ces derniers sont primordiaux, ils ne peuvent se passer de la connaissance des bases matérielles de la relation conjugale.

Pour les besoins de ce chapitre, nous nous arrêtons aux 453 répondantes vivant en situation de couple. Les femmes sans conjoint (veuves, séparées, divorcées) ne peuvent être incluses pour deux raisons: 1° Elles ne sont pas en mesure de répondre aux questions sur la vie de couple. 2° Le questionnaire porte sur la situation présente des répondantes et ne nous renseigne pas sur la façon dont s'est soldée leur union (séparation légale ou de fait, jugement du divorce ou règlement de la succession). Rappelons que la situation financière est loin d'être reluisante pour les femmes seules. La plupart d'entre elles, nous l'avons vu au chapitre précédent, vivent avec un revenu inférieur à 10 000$. Est-ce dû à une absence de ressources de la part du conjoint, à une absence de reconnaissance des services reçus ou à l'imprévoyance? De toute façon, ces chiffres confirment les statistiques déjà évoquées sur les femmes pauvres lorsqu'elles n'ont plus de conjoint.

1.   LA DÉPENDANCE FINANCIÈRE

Toutes les répondantes travaillent au foyer à plein temps, elles exercent un métier sans salaire, elles ont ainsi peu de possibilités d'accumuler des biens personnels. Elles sont donc dépendantes du revenu de leur conjoint. Comme le salaire appartient légalement à celui qui le reçoit, il vaut mieux parler d'accès au revenu et aux biens familiaux que de parler d'autonomie personnelle pour ces femmes. Voyons comment les répondantes vivent cette dépendance financière.

L'administration du budget

Afin de mesurer l'accès des répondantes au revenu familial, il est important de savoir qui administre le budget dans un ménage possédant un seul revenu. Les réponses à cette question se répartissent de la façon suivante :

Le couple l'administre ensemble	67,2%
La répondante l'administre seule	18,5%
Le conjoint l'administre seul	14,3%
Total (446)	100,0%

Ainsi, deux couples sur trois administrent ensemble le budget familial. Il ne faut toutefois pas conclure que toutes ces femmes sont au courant de l'ensemble des finances familiales. Les couples québécois ont souvent tendance à partager le budget en administrant chacun leur partie. Par exemple, un conjoint (généralement la femme) s'occupe des besoins de nourriture, de vêtements et l'autre conjoint prend en charge les autres dépenses du ménage telles que le loyer, les comptes d'électricité ou de téléphone, le paiement des assurances, etc. Ainsi une femme peut affirmer participer à l'administration du budget sans le connaître dans son ensemble. Nous toucherons ces questions au chapitre suivant.

Dans le cas où le budget n'est pas administré conjointement, le mari ou la répondante s'en occupe dans des proportions à peu près égales. Fait intéressant à noter, les répondantes administrant seules le budget se retrouvent en pourcentage moins élevé chez les jeunes (moins de 35 ans) que dans les autres catégories d'âges. Le montant du revenu familial influence peu les modalités d'administration du budget.

Le budget attribué aux dépenses personnelles

Comme tout individu, les femmes au foyer ont besoin d'argent pour leurs dépenses personnelles. Comment s'arrangent-t-elles pour répondre à ces besoins? Est-ce prévu au budget?

Pour plus des deux tiers des répondantes (67,5%) une part du budget est affectée à leurs dépenses personnelles, pour près du quart (23,4%) rien n'est prévu et 9,5% n'ont pas répondu à cette question. La poursuite de l'analyse nous apprend, contrairement à ce que nous aurions pu croire, que la possession d'une part du budget pour ses propres dépenses n'est pas reliée au montant du revenu familial, comme en fait foi le tableau suivant:

TABLEAU 1

PART DU REVENU POUR DÉPENSES PERSONNELLES
PAR CATÉGORIE DE REVENU

Y a-t-il une part prévue?	Moins de 10 000$ %	10 000$ à 19 999$ %	20 000 à 29 999$ %	30 000$ et plus %
Oui	77,9	69,9	75,8	75,1
Non	22,1	30,1	24,2	24,9
Total	100,0	100,0	100,0	100,0
(395)	(68)	(122)	(125)	(80)

Ces comportements varient peu selon l'âge. Cela semble donc une question de mentalité ou de climat de relations familiales. D'autre part, les couples ne possèdent pas tous un budget préétabli, ils utilisent l'argent nécessaire selon les avoirs financiers du moment. Ce qui explique la difficulté de répondre à cette question pour certaines et un taux de non-réponse plus élevé qu'à d'autres questions.

Poursuivons l'analyse avec celles qui possèdent une part du budget pour elles-mêmes, soit 67,5% des personnes vivant en situation de couple; nous reviendrons aux autres plus loin. Pour ces femmes (306), qui décide du montant de cette part? Dans la majorité des cas (59,7%), le couple décide ensemble du montant. Près du tiers de ces femmes (31,3%) ont le loisir de fixer elles-mêmes ce montant et pour une sur dix (9,1%), c'est le conjoint qui décide. Ces réponses varient peu selon l'âge ou le revenu.

À propos de ces mêmes répondantes, nous voulions savoir en outre si elles devaient rendre compte au conjoint de l'utilisation de ce montant. La très grande majorité d'entre elles (247 ou 85,0%) n'ont pas à rendre compte de l'utilisation de cette part du budget et 15,0% (44) doivent le faire. La majorité de celles qui en rendent compte disposent d'un revenu familial inférieur à 20 000$. Il n'est pas étonnant de constater qu'avec des revenus moins élevés, les dépenses sont surveillées de près.

Revenons au groupe de répondantes qui n'ont pas de part du revenu familial prévue pour leurs dépenses, c'est-à-dire 103 personnes. Un peu plus du tiers d'entre elles (36,8%) affirment prendre l'argent nécessaire dans le budget, le compte conjoint ou au moyen d'une carte de crédit: il s'agit donc de couples n'ayant pas de budget préétabli. Que font les autres lorsque le besoin d'argent se fait sentir? Voyons comment elles se débrouillent par ordre de difficulté croissante:

— Je le prends dans le budget ou le compte conjoint ou sur la carte de crédit.	36,8%
— J'en demande, je n'ai pas de problème.	4,8%
— J'en prends dans mon compte, mes épargnes.	7,8%
— Je prends les allocations familiales.	5,8%
— J'en demande, j'en discute.	33,0%
— J'en demande, j'ai des problèmes.	2,9%
— Je m'en passe.	6,8%
— Autres	1,9%
Total (103)	100,0%

L'accès de ces répondantes au revenu familial est beaucoup plus limité. Devoir demander de l'argent ou en prendre sur son argent personnel ou devoir en discuter, c'est déjà considérer que le revenu familial ne nous appartient pas, à moins qu'il ne soit vraiment restreint. D'autres rencontrent des problèmes lorsqu'elles en font la demande et certaines, peu nombreuses il est vrai, doivent carrément s'en passer. Souvenons-nous que celles n'ayant pas de part du revenu prévue pour elles-mêmes se retrouvent dans toutes les catégories de revenu. En fait, le problème d'accès aux finances familiales est moins relié à l'absence de revenu qu'à l'attitude du conjoint. Le salaire peut parfois servir d'instrument de domination.

Le compte en banque

Pour mieux connaître la part des ressources familiales accessibles aux répondantes, voyons si elles peuvent disposer d'un compte en banque et de quel type de compte il s'agit:

Compte conjoint et compte personnel	37,0%
Compte personnel	30,3%

Compte conjoint	26,0%
Aucun compte en banque	6,7%
Total (446)	100,0%

En additionnant toutes celles qui possèdent un compte conjoint nous nous apercevons qu'une majorité (63,0%) de répondantes ont accès aux ressources familiales. À peu près la même proportion (67,3%) possèdent un compte personnel, mais parmi elles toutes n'ont pas accès à un compte conjoint.

Le seul fait de détenir un compte en banque personnel n'est pas synonyme d'autonomie. C'est un pas vers l'indépendance; ces femmes doivent s'occuper elles-mêmes des entrées et des sorties d'argent. Cette liberté peut être très minime si les ressources sont limitées. De plus, tout dépend de l'utilisation de ce compte personnel: il peut parfois servir à économiser en vue d'une dépense familiale (vacances, auto, etc.).

En réalité, les répondantes les mieux placées sont celles qui ont accès aux ressources familiales (compte conjoint) et une certaine autonomie (compte personnel).

Elles se retrouvent en majorité parmi les couples bénéficiant d'un revenu de 20 000$ et plus. Celles ayant accès seulement à un compte conjoint ont, de ce fait, accès aux finances familiales sans être autonomes: cela peut s'avérer plus rentable qu'un compte personnel dans certains cas. Les répondantes possédant uniquement un compte en banque personnel peuvent être considérées comme autonomes, mais tout dépend du montant en question et de son utilisation. Quant à celles qui n'ont accès à aucun compte (6,7%), elles vivent une dépendance financière très marquée. Comme elles sont pour la plupart parmi les couples disposant d'un revenu inférieur à 20 000$, nous pouvons nous demander si cette restriction vaut seulement pour elles ou si elle s'applique aussi à leur conjoint, faute de revenu à épargner.

L'opinion sur la dépendance financière

Voyons maintenant comment les répondantes vivent cette dépendance. Nous leur avons demandé dans quelle mesure elles sont d'accord avec la proposition suivante: «Il est frustrant pour une femme au foyer de dépendre financièrement de son mari.» La répartition des opinions se lit comme suit:

Totalement et plutôt d'accord	39,7%
Plus ou moins d'accord	23,0%
Plutôt et totalement en désaccord	37,4%
Total (438)	100,0%

Cette dépendance financière n'est pas acceptée de la même façon par toutes les femmes au foyer: les opinions opposées regroupent à peu près le même nombre de répondantes. Nous constatons que ces opinions varient peu selon le revenu et l'âge mais plutôt selon le vécu de ces femmes. En fait, en vérifiant si l'accès aux ressources familiales influence ces opinions, nous découvrons que lorsque le budget est administré par le conjoint, une femme sur deux est d'avis qu'il est frustrant de dépendre financièrement de son mari, alors que parmi les autres la proportion est d'environ une femme sur trois. De même, lorsque les répondantes ne possèdent pas de part du budget pour leurs dépenses personnelles, une femme sur deux est d'accord avec cette proposition; la proportion est d'une sur trois lorsqu'une part du budget est prévue à cette fin. Cela traduit très bien la diversité de situation des femmes au foyer. Les opinions diffèrent peu selon l'âge ou le niveau de vie, elle sont plutôt reliées au type de relation que chacune entretient avec son conjoint.

Conclusions

La grande majorité des répondantes ont accès aux ressources financières de la famille. Si nous considérons que le travail accompli par les femmes au foyer n'est pas rémunéré, leur accès aux ressources familiales va de soi. Dans l'ensemble, deux répondantes sur trois participent à l'administration du budget familial, ont une part du revenu allouée à leurs dépenses personnelles et ont accès à un compte conjoint. Par ailleurs, la dépendance financière de certaines femmes peut atteindre des limites extrêmes. La situation de celles qui ont du mal à obtenir de l'argent pour leurs dépenses personnelles et de celles qui n'ont accès à aucun compte en banque nous laisse perplexes. Bien sûr, les ressources sont limitées dans les familles à faible revenu, mais l'accès aux ressources familiales dépend peu du revenu du conjoint. Le problème vient plutôt de l'attitude de celui qui gagne le revenu. Même si ces situations ne touchent qu'une minorité, il faut les dénoncer. Doit-on en déduire que certaines femmes ne sont que logées et nourries pour leur travail?

D'autre part, même si la majorité des répondantes ne semblent pas avoir de mal à accéder aux ressources familiales, bon nombre trouvent cette dépendance financière difficile à vivre psychologiquement. En effet, près de 40,0% des répondantes trouvent frustrante la dépendance financière envers un conjoint et près du quart (23,0%) sont plus ou moins de cet avis. En réalité, seulement 37,4% s'accommodent de cette dépendance sans trop de problèmes.

2. IMPRÉVOYANCE ET INSÉCURITÉ

Pour mesurer le degré de sécurité financière des répondantes, il est important de considérer les dispositions légales qui auront des incidences sur leur situation future. Pour ce faire, nous examinerons les données concernant les régimes matrimoniaux, les testaments, les assurances-vie et la propriété légale du logement. Pour connaître le degré de sécurité face à la retraite nous verrons la contribution des répondantes et celle de leur conjoint à un régime de pension privé. Et avant de conclure, nous nous arrêterons à l'opinion des répondantes sur la sécurité assurée des femmes au foyer.

Les régimes matrimoniaux

Avant de passer aux données de l'enquête, jetons un coup d'œil sur les différentes formes de contrat de mariage en vigueur au Québec.

Les régimes matrimoniaux sont des conventions qui régissent les intérêts financiers des époux, dans leurs rapports entre eux et en relation avec les tiers, durant le mariage et à sa dissolution. On peut adopter un régime matrimonial en passant ou en ne passant pas de contrat. Lorsque l'on ne passe pas de contrat c'est que l'on adopte le régime tel qu'il est édicté par la loi, ou que l'on ignore les autres possibilités, ou que l'on néglige de le faire. On passe un contrat de mariage lorsque l'on désire adopter un contrat différent de celui imposé par la loi ou lorsque l'on veut apporter des modifications au régime légal. Il existe trois régimes différents au Québec: la communauté de biens, la séparation de biens et la société d'acquêts.

La communauté de biens confère aux époux le droit de partager la plupart des biens acquis pendant le mariage. Le partage se fait au moment de la dissolution soit par décès, séparation ou divorce. Le mari peut seul administrer la communauté, l'épouse seule peut y renoncer lors de la dissolution (détail important lorsqu'il y a des dettes). D'autre part, il est difficile de protéger les avoirs du ménage contre les créanciers car les biens communs répondent des dettes de l'un et de l'autre. Précisons que la communauté de biens était le régime légal au Québec avant 1970, c'est dire que les couples sans contrat de mariage sont par la loi sous le régime de la communauté de biens s'ils se sont mariés avant 1970. Ce régime nécessite un contrat notarié depuis juillet 1970.

La séparation de biens se caractérise par l'absence de biens communs aux deux époux. Dans ce régime, les deux époux demeurent comme des célibataires à l'égard des biens acquis durant le mariage. Chaque conjoint a l'administration, la jouissance et la libre disposition de ses biens et en est seul responsable. Ce régime a le désavantage de ne pas conférer à la femme le droit de partager les biens du ménage. Pour compenser, la coutume veut que le mari fasse à son épouse des donations en argent et/ou en biens meubles. Cependant depuis avril 1982, il faut tenir compte de la Loi 89 qui a réformé le droit de la famille et qui, parfois, fait échec à certaines particularités des contrats de mariage. La séparation de biens est un régime conventionnel choisi par contrat notarié.

La société d'acquêts, régime légal au Québec, s'applique à tous les couples mariés sans contrat de mariage depuis juillet 1970. On peut aussi choisir ce régime par contrat et y apporter des ajouts, des précisions. Ce régime classe les biens des époux en deux catégories: les biens propres et les biens d'acquêts et chaque époux est responsable de ses dettes et ne peut engager le crédit de l'autre que pour les besoins courants du ménage. Lors de la dissolution du mariage, on procède à la formation de deux masses dans les biens de chacun: ses biens propres et ses acquêts. Ce régime exige un effort de comptabilité, mais par ailleurs il protège le conjoint qui a contribué à l'enrichissement du ménage par son travail au foyer ou par sa collaboration dans l'entreprise.

Précisons qu'il est possible, depuis le premier juillet 1970, de modifier son régime matrimonial et même de le changer. Pour procéder à de tels changements, le consentement des deux époux est requis et tous deux doivent signer le nouvel accord. Quant au régime matrimonial la situation des répondantes se résume ainsi:

Séparation de biens	45,1%
Pas de contrat	26,7%
Communauté de biens	23,5%
Société d'acquêts	3,1%
Ne sait pas	1,6%
Total (430)	100,0%

Nous constatons que le régime de la séparation de biens regroupe près de la moitié des répondantes. Plus du quart n'ont pas de contrat de mariage: ces couples se retrouvent sous le régime légal en vigueur au moment de leur mariage. Un couple sur quatre a choisi le régime de la communauté de biens et quelques-uns (3,1%) ont opté pour la société d'acquêts. Très peu (1,6%) ne savent pas sous quel régime elles sont mariées. Étant donné que le régime légal au Québec a changé en 1970, reprenons ces mêmes données par rapport à l'année du mariage. Nous obtenons les variations suivantes:

	Mariée avant 1970	Mariée après 1970
Communauté de biens	28,3%	11,4%
Séparation de biens	42,0%	52,8%
Société d'acquêts	1,3%	7,3%
Pas de contrat	26,7%	26,8%
Ne sait pas	1,6%	1,6%
Total	100,0%	100,0%
	(307)	(123)

Plus de la moitié des couples mariés après 1970 ont choisi le régime de la séparation de biens, *une augmentation de 10,8% par rapport aux années antérieures*. Fait étonnant à signaler, le pourcentage de couples choisissant le régime de la communauté de biens (11,4%) après 1970 est plus élevé que pour la société d'acquêts (7,3%). Par contre, la proportion de mariages sans contrat se maintient. Suite à ces résultats, plusieurs questions nous viennent à l'esprit.

Pourquoi la société d'acquêts est-elle si peu utilisée? Ce régime avait été instauré pour remédier aux problèmes occasionnés par les contrats de séparation et de communauté de biens, et dans le but d'offrir une forme de contrat plus équitable pour les deux conjoints. Son absence de popularité est-elle due au manque de connaissance de ce régime, au fait que celui-ci est nouveau, trop récent? Est-elle due au manque d'information fournies par les notaires ou au fait que certaines clauses de ce contrat ne sont pas adéquates? Nous ne possédons pas les éléments pour répondre à ces questions. Il serait intéressant d'en discuter avec les autorités concernées.

Pourquoi tant de couples choisissent-ils la séparation de biens? Considérant que les répondantes travaillent exclusivement au foyer, qu'elles exercent un travail non rémunéré et qu'elles ont peu de possibilité d'accumuler des biens personnels, que veut dire la séparation de biens? Séparation de biens pour qui, car la principale caractéristique de ce régime est l'absence de biens communs aux deux époux? Nous pouvons, sans risque de nous tromper, avancer les hypothèses suivantes sur les raisons de ce choix.

D'une part, au moment de passer un contrat de mariage, rares sont les couples qui pensent à la séparation ou au divorce. Leur seule préoccupation concerne le décès: elle est réglée par la clause testamentaire. D'autre part, sous ce régime l'épouse ne se sent pas responsable des dettes du conjoint et si le conjoint investit dans sa propre entreprise, certains biens sont protégés (les biens de son épouse ou ceux qu'il désigne à son nom). De plus, la croyance populaire veut que de toute façon ce qui appartient à un conjoint appartienne aussi à l'autre. Cela peut être réel dans la pratique, mais différent lorsque le point de vue juridique entre en jeu. Cette trop grande popularité du régime de la séparation de biens est inquiétante. D'autant plus qu'une répondante sur deux parmi les femmes de moins de 45 ans est mariée sous ce régime. Le pourcentage de couples dans cette situation augmente avec le revenu: plus le revenu est élevé, plus le nombre de couples choisissant la séparation de biens est élevé, comme nous le démontre le tableau suivant:

TABLEAU 2

RÉGIME MATRIMONIAL
PAR CATÉGORIE DE REVENU

Régime matrimonial	Moins de 10 000$ %	10 000$ à 19 999$ %	20 000$ à 29 999$ %	30 000$ et plus %
Pas de contrat	32,2	32,1	26,4	22,4
Communauté de biens	36,3	22,4	23,1	11,5
Séparation de biens	28,5	40,5	43,0	64,2
Société d'acquêts	1,3	3,9	4,3	2,0
Ne sait pas	1,8	1,1	3,3	—
Total	100,0	100,0	100,0	100,0
(419)	(80)	(130)	(126)	(83)

Nous verrons, à l'analyse des autres données, si la sécurité peut être assurée pour ces femmes.

Les dispositions testamentaires

Les dispositions testamentaires sont un acte légal par lequel un individu choisit les personnes qui vont recevoir ses biens à son décès, ce peut être par testament ou par clause testamentaire au contrat de mariage. Il existe plusieurs formes de testament. Le testateur peut révoquer son testament en tout temps, il peut le modifier, le détruire et le recommencer autant de fois qu'il le désire. La clause testamentaire insérée au contrat de mariage est révocable: elle est annulée par tout autre testament. Quatre modalités de dispositions testamentaires sont vraisemblablement les plus répandues au Québec; au dernier vivant les biens, tous les biens aux enfants et l'usufruit au conjoint, la moitié des biens aux enfants et l'autre moitié au conjoint, la succession aux enfants et les assurances au conjoint. Soulignons que la tendance générale est de léguer ses biens au dernier vivant.

La personne qui décède sans avoir rédigé un testament voit ses biens répartis selon les dispositions du Code civil régissant les successions. Ces dispositions précisent quels sont les héritiers légaux et répartissent les biens suivant un ordre préétabli. La loi donne priorité aux enfants, suivis du conjoint et des parents immédiats, viennent ensuite les grands-parents, etc. Si, au décès, un individu laisse un conjoint et des enfants, les enfants hériteront des deux tiers des biens et le conjoint du tiers. Enfin, soulignons que l'on n'hérite pas seulement des biens d'une personne mais aussi de ses dettes (il y a toujours la possibilité de refuser une succession), que tout testament est révocable et que tout individu peut déshériter son conjoint. Voyons la situation des répondantes, advenant le décès de leur conjoint:

Seule bénéficiaire	78,0%
Bénéficiaire avec les enfants	12,9%
Rien n'est prévu	4,9%
Ne sait pas	3,5%
Pas bénéficiaire	0,7%
Total (437)	100,0%

Ces réponses nous confirment la tendance générale de léguer ses biens au dernier vivant. Plus des trois quarts des répondantes seront bénéficiaires des avoirs du ménage advenant le décès du conjoint. Leur situation financière dépendra des biens que possède le couple. La proportion de celles qui auront à partager avec les enfants est minime (12,9%), elles sont, en majorité, parmi les répondantes de moins de

45 ans: soit que la coutume a changé, soit que les couples refont leur testament lorsque les enfants sont grands.

Celles pour qui rien n'est prévu sont en majorité (15 sur 21) âgées de moins de 35 ans, il s'agit de couples remettant la question à plus tard, étant donné leur jeune âge. Nous retrouvons des répondantes pour qui rien n'est prévu dans toutes les catégories de revenu, mais la majorité d'entre elles (13 sur 21) sont parmi les couples disposant d'un revenu inférieur à 20 000$. En réalité, le besoin de léguer ses biens peut sembler moins évident lorsque les revenus sont plus faibles: la sécurité financière du moment peut devenir plus importante que la situation future dans certains cas.

Nous constatons qu'un certain nombre de femmes (3,5%) manquent d'information sur les dispositions testamentaires. S'agit-il d'imprévoyance de la part de ces répondantes ou de problèmes reliés à la difficulté de discuter de ce sujet entre conjoints? Une faible proportion (0,7%) de répondantes ne sont pas du tout bénéficiaires du testament du conjoint.

L'assurance-vie du conjoint

En plus des dispositions testamentaires du conjoint, une autre variable influencera la situation financière de l'épouse au décès du mari, il s'agit de l'assurance-vie du conjoint. L'assurance sur la vie est un contrat prévoyant une indemnité en argent au moment du décès, moyennant le paiement ponctuel des primes d'assurances. Le but premier de ce contrat est d'assurer un minimum de sécurité financière à certaines personnes lors du décès. Le montant de ces assurances varie d'un individu à l'autre. L'assuré peut désigner son épouse comme bénéficiaire, il peut aussi désigner la succession ou les héritiers légaux, il a aussi la possibilité de nommer un bénéficiaire irrévocable ou révocable. Lorsque l'assuré nomme un bénéficiaire irrévocable, il ne peut le changer sans le consentement de celui-ci. Par contre, s'il nomme un bénéficiaire révocable l'assuré a tout le contrôle sur son assurance et peut changer le bénéficiaire en tout temps.

En ce qui concerne l'assurance-vie du conjoint, nous remarquons des résultats similaires à ceux obtenus à propos du testament:

Seule bénéficiaire	80,1%
Bénéficiaire avec les enfants	10,5%
Aucune assurance-vie	7,6%
Ne sait pas	1,4%

Pas bénéficiaire   0,3%
Total (439)   100,0%

En réalité, neuf femmes sur dix seront bénéficiaires, en tout ou en partie, de l'assurance-vie du conjoint advenant son décès. Leur situation financière dépendra du montant des assurances. Celles qui auront à partager avec les enfants se retrouvent, comme dans le cas des testaments, en majorité parmi les répondantes âgées de moins de 45 ans.

Celles pour qui rien n'est prévu sont presque toutes (31 sur 32) parmi les couples possédant un revenu inférieur à 20 000$. La tendance est la même que celle remarquée à propos des testaments, mais elle est plus forte. Les personnes disposant d'un revenu plus faible ont moins les moyens financiers de s'assurer une sécurité pour l'avenir. Soulignons qu'il n'y a pas de variations notables selon les différentes catégories d'âge.

Le pourcentage de répondantes qui ne savent pas est moins élevé (1,4%): il est généralement plus facile pour l'épouse de connaître les dispositions concernant l'assurance-vie du conjoint que le contenu du testament. Nous retrouvons aussi une faible proportion de non-bénéficiaires (0,3%).

La propriété légale du logement

Même si les biens du ménage appartiennent aux deux conjoints dans la pratique et si les deux y ont également accès, les dispositions légales à propos de ces biens seront d'une grande importance au moment de la dissolution de la vie de couple. En étudiant les dispositions concernant la résidence familiale, nous aurons un indice sur les habitudes d'achat de biens durables dans le couple.

Mises à part les répondantes locataires (100) parmi celles vivant en situation de couple (453), combien sont propriétaires ou copropriétaires du logement qu'elles habitent? Les réponses se regroupent ainsi:

Mon conjoint est propriétaire   56,3%
Copropriétaire avec le conjoint   35,8%
Je suis propriétaire   6,4%
Copropriétaire avec un parent ou un ami   1,5%
Total (343)   100,0%

Parmi les couples possédant leur maison, la proportion de répondantes propriétaires est très faible (6,4%) et une sur trois est copropriétaire. Pourquoi tant d'épouses ne sont-elles pas copropriétaires? Que fait-on de la joie de se sentir partenaire à part égale dans un couple? De la fierté pour les femmes au foyer de voir leur travail reconnu au même titre que le travail rémunéré du conjoint?

Le propriétaire d'un bien peut en disposer, c'est-à-dire le louer, l'hypothéquer ou le vendre: le non-propriétaire est ainsi écarté légalement des décisions concernant ce bien. C'est le cas de la majorité des répondantes lorsqu'elles ne sont pas locataires. De plus le fait d'être propriétaire ou non aura des répercussions lors de la dissolution du mariage. Il nous est impossible d'analyser toutes les situations prévisibles. Certains régimes matrimoniaux prévoient déjà un partage de biens. C'est le cas de la communauté de biens, mais il faut se souvenir qu'il y a aussi partage des dettes sous ce régime. Dans le cas de la société d'acquêts il faut déterminer si la maison est un bien d'acquêts pour le couple ou un bien propre pour le conjoint avant de faire le partage.

Arrêtons-nous plus spécifiquement à la situation des répondantes mariées sous le régime de la séparation de biens, car ce régime ne comporte aucun bien commun aux époux. Parmi les répondantes non-locataires vivant en séparation de biens (141) nous obtenons les pourcentages suivants:

Mon conjoint est propriétaire	68,8%
Copropriétaire avec le conjoint	17,0%
Je suis propriétaire	12,8%
Copropriétaire avec un parent ou un ami	1,4%
Total (141)	100,0%

Ainsi, *plus de deux répondantes non-locataires sur trois mariées en séparation de biens ne sont ni propriétaires ni copropriétaires du logement qu'elles habitent.* Nous aurions pu penser que les couples mariés sous ce régime prévoyaient leurs achats importants en copropriété: ce n'est pas le cas de la majorité. Si les couples n'achètent pas leur maison en copropriété, nous pouvons déduire qu'il en est de même pour les autres biens durables du ménage. Le salaire appartient à celui qui le gagne et, par le fait même, il s'approprie les biens durables du ménage. Et pourtant, les deux conjoints travaillent ensemble à acquérir et à entretenir ces biens. Nous avions raison de nous inquiéter de la trop grande popularité du régime de la séparation de biens. Qu'arrive-t-il au moment d'une séparation, d'un divorce, lorsque tout appartient au mari?

Reste à savoir combien, parmi ces couples, ont enregistré une déclaration de résidence familiale depuis 1981 (date d'entrée en vigueur de ce nouveau droit). Nous ne possédons pas de chiffre à ce sujet, nous n'avons pas abordé la question au moment de l'enquête parce que ce nouveau droit était trop récent et risquait de fausser les données concernant les propriétaires et copropriétaires. Cette déclaration de résidence familiale ne rend pas les époux copropriétaires, cela a seulement pour effet d'empêcher l'époux propriétaire de passer, sans le consentement du conjoint, certains actes relatifs à la résidence familiale. Si l'on se fie aux chiffres fournis par le ministère de la Justice[2] et connaissant les discussions qu'une telle déclaration peut amener entre conjoints, ce n'est sûrement pas la majorité des couples de notre enquête qui ont enregistré une déclaration de résidence familiale.

Le régime de pension personnel

Considérant que toutes les répondantes sont des femmes à temps plein au foyer et qu'elles ne peuvent contribuer à un régime de pension public parce qu'elles ne sont pas des travailleuses rémunérées, il est important de connaître leur degré de sécurité financière au moment de la retraite. Dans un premier temps, nous nous préoccupons de la participation personnelle des femmes à un régime de retraite privé. À ce moment-ci, nous incluons toutes les répondantes (526) puisqu'il s'agit de leur propre contribution à un régime de pension. Ensuite nous verrons la participation du conjoint à un régime privé parmi celles vivant en situation de couple.

Combien de femmes au foyer ont contribué à un régime de retraite privé?

Jamais contribué	84,0%
Déjà contribué	10,7%
Conjoint contribue en mon nom	5,3%
Total (526)	100,0%

Seulement une répondante sur dix a déjà contribué à un régime de retraite. Il faut tenir compte des deux faits suivants. Toutes n'ont pas participé au marché du travail. Celles qui ont occupé un emploi l'ont fait à un âge où l'on ne se préoccupait pas de cette question, ou dans des branches d'activités où le revenu peu élevé et l'absence de syndicat ne leur offraient pas la possibilité de contribuer à un régime de pension. Il n'est donc pas du tout étonnant de constater un pourcentage de participation aussi minime. D'ailleurs, des statistiques sur le sujet précisent que les femmes en emploi représentent seulement 30% des cotisants dans les régimes de pension privés.

Il reste, pour les femmes au foyer, la possibilité de participer à un régime enregistré d'épargne retraite (REER). Mais pour cela deux conditions sont essentielles: 1° l'accord du conjoint, car il doit verser des contributions au nom de l'épouse, 2° avoir les moyens financiers d'investir de l'épargne dans un deuxième régime de retraite. C'est le cas de 5,3% des répondantes seulement. Même si nous ajoutons les répondantes qui ont déjà contribué (10,7%) c'est une minorité de femmes qui auront des prestations personnelles à leur retraite. De plus, ce montant sera minime, étant donné qu'elles auront probablement contribué durant un nombre d'années assez réduit.

La majorité (19 sur 25) de celles dont le conjoint contribue en leur nom se retrouvent, comme il fallait s'y attendre, parmi les couples bénéficiant de 20 000$ et plus de revenu.

Nos données nous révèlent le peu de changement dans ce domaine: le taux de non-participantes atteint 80,0% et plus dans chacune des catégories d'âge. Ainsi les femmes au foyer sont très mal servies par le système de pension: rien n'est prévu pour elles au moment de la retraite.

Le régime de pension du conjoint

Si la plupart des répondantes n'ont pas de sécurité personnelle pour la retraite, leur conjoint a-t-il prévu sa propre retraite?

Oui, mon conjoint contribue	60,3%
Non, mon conjoint ne contribue pas	36,1%
Ne sait pas	3,6%
Total (428)	100,0%

Près des deux tiers des conjoints contribuent à un régime de retraite privé. Les hommes ont plus de possibilités de s'assurer une certaine sécurité pour la retraite. Cette participation du conjoint augmente en fonction du revenu: elle est à son plus bas niveau (16,3%) parmi les couples disposant d'un revenu familial inférieur à 10 000$ et elle s'élève graduellement pour atteindre 89,9% des couples dont le revenu est supérieur à 30 000$.

En réalité, même si les conjoints peuvent avec plus de facilité et en plus grand nombre s'assurer une sécurité pour la retraite, cela ne veut pas dire que les épouses sont protégées pour autant. La sécurité sera assurée pour les femmes qui auront la chance de vieillir en compagnie du conjoint, mais les autres? Puisque les femmes ont une espérance de vie plus longue et que les régimes privés de retraite ne prévoient pas obligatoirement de rente de conjoint survivant, quelle sera la situation financière des veuves? Et celles qui auront vécu une séparation, un divorce deviendront-elles dépendantes des mesures sociales?

La très grande majorité des répondantes sont totalement dépendantes du conjoint en ce qui a trait à leur sécurité financière à la retraite et la situation n'est pas près de changer, à moins de réviser le système actuel des pensions.

L'opinion sur la sécurité pour l'avenir

Voyons enfin ce que pensent les répondantes concernant leur sécurité: les femmes au foyer peuvent-elles être rassurées en pensant à leur avenir? Afin de connaître comment elles voient leur propre situation future, nous leur avons demandé d'indiquer leur degré d'accord à la proposition suivante: «Il est rassurant pour une femme au foyer de penser que son avenir est assuré.» Les opinions se regroupent ainsi:

Totalement et plutôt d'accord	36,6%
Plus ou moins d'accord	31,6%
Plutôt et totalement en désaccord	30,9%
Total (440)	100,0%

Les opinions différentes reflètent bien la diversité de situation des femmes au foyer. Environ une répondante sur trois est d'accord avec cette proposition. Cette opinion rejoint 12,6% des répondantes de moins de 35 ans alors que parmi celles de 55 ans et plus, une femme sur deux est d'accord avec la proposition. Ces dernières sont rendues à cette étape de leur vie, elles vivent avec leur conjoint, elles se sentent en sécurité: leur opinion est cohérente avec leur situation présente.

Quant aux répondantes en désaccord avec la proposition, nous retrouvons une femme de moins de 35 ans sur deux dans ce cas, ensuite le pourcentage décroit avec l'âge. En fait, 55,9% des jeunes femmes au foyer ne se sentent pas rassurées en pensant à leur avenir. Les événements pouvant survenir dans leur vie matrimoniale et les dispositions légales de leur union les font probablement réagir ainsi. L'avenir est beaucoup plus lointain pour ces jeunes femmes.

Lorsque nous vérifions cette opinion selon le revenu familial, nous obtenons plus de femmes ne se sentant pas rassurées pour l'avenir parmi les répondantes bénéficiant d'un revenu supérieur à 20 000$ que parmi les faibles revenus. Les femmes vivant dans une famille à faible revenu ont moins tendance à se préoccuper de leur sécurité future, de toute façon les moyens pour s'assurer un avenir sont limités. Dans une famille où les moyens financiers le permettent, les femmes s'intéressent probablement plus aux dispositions légales et prennent conscience de leur insécurité. L'opinion des répondantes varie peu selon qu'elles participent à l'administration du budget ou pas et selon qu'elles possèdent une part du budget pour leurs dépenses ou non. Le degré de prévoyance de chacune, l'idée qu'elle se fait de l'avenir et le climat d'entente dans le couple peuvent probablement faire varier les opinions.

Conclusions

La plupart des couples (90%) de notre enquête prévoient des dispositions légales en cas de décès. La situation financière de ces femmes dépendra des avoirs du ménage et du montant des assurances. Cette affirmation repose cependant sur les arrangements actuels du couple; il faut se rappeler qu'un bénéficiaire peut être changé. Les autres, celles pour qui rien n'est prévu, qui ne savent pas ou qui ne seront pas bénéficiaires (10%) se trouvent devant une situation incertaine.

Par contre, la situation financière des répondantes en cas de séparation ou de divorce est beaucoup plus complexe. Étant donné que ces cas sont de plus en plus fréquents, il est important d'y réfléchir. Sans avoir fait une étude exhaustive du sujet, nous pouvons signaler quelques situations prévisibles.

Les répondantes mariées sous le régime de la société d'acquêts pourront conserver leurs biens personnels, si elles en possèdent, et obtenir une part des acquêts du ménage. Celles mariées sous la communauté de biens auront droit à une part des biens de la communauté et auront à partager les dettes s'il y a lieu.

Qu'arrivera-t-il à celles mariées sous le régime de la séparation de biens? Compte tenu que ce régime se caractérise par l'absence de biens communs, que la majorité des couples ne font pas l'achat de leur maison en copropriété et que très peu de maris se préoccupent de désigner des biens au nom de leur conjoint au foyer, *quelle sera la part de la femme au foyer?* Cette question concerne environ une répondante sur deux.

Bien sûr, les intentions des conjoints au moment du mariage étaient fort louables mais les conséquences sont lourdes pour la personne qui n'a pas eu l'occasion d'accumuler des biens personnels. Après cinq, dix, quinze ou vingt ans de travail au foyer, les femmes peuvent se retrouver, à la suite d'une séparation ou d'un divorce, dépourvues de tous les biens auxquels elles avaient accès. Pourquoi? Parce qu'elles ont suivi la tendance générale en se mariant en séparation de biens, parce qu'elles ont fait confiance à la vie. Elles ont travaillé au bien-être de la famille sans se préoccuper de leur contrat de mariage ni de la possession légale des biens. Il est bien tentant pour le conjoint de conserver les biens qu'il possède légalement lorsque l'amour s'est envolé, même si l'épouse a contribué par son travail à l'accumulation et à l'entretien de ces biens.

La dépendance financière des femmes au foyer peut se poursuivre au-delà de la vie de couple et même se transformer en dépendance envers la société. Elles seront dépendantes de la pension de l'ex-conjoint et/ou des mesures sociales dans bien des cas. Elles iront grossir les statistiques sur les femmes et la pauvreté. Il existe bien sûr des possibilités de recours en justice pour faire reconnaître leur droits, mais les procédures sont lourdes et longues. De toute façon, la loi ne reconnaît pas l'équivalent monétaire du travail au foyer.

En ce qui concerne la retraite, très peu de répondantes auront leurs propres prestations. La dépendance sera encore au cœur de leur vie. Certaines dépendront de la pension du conjoint, ce qui n'est pas toujours suffisant pour maintenir un niveau de vie décent. D'autres devront se contenter de la rente de conjoint survivant s'il y a lieu, ou bien dépendront des pensions du gouvernement, des mesures sociales.

Compte tenu de leur exclusion des différents régimes de retraite, des événements majeurs qui peuvent survenir dans une vie de couple et du peu d'importance qu'on accorde aux dispositions légales lorsque tout va bien, il n'est pas exagéré de dire que les femmes au foyer ont très peu de sécurité pour l'avenir.

À première vue, on pourrait attribuer l'insécurité des femmes au foyer à une imprévoyance de leur part. En y regardant de près et connaissant la situation pour en avoir discuté avec toutes les personnes impliquées, nous sommes convaincues que les femmes au foyer possèdent peu de pouvoir pour assurer leur sécurité. Les femmes sans revenu, sans biens personnels sont-elles en position de discuter de biens à léguer, d'assurance-vie, de droit de propriété ou de prestations de retraite? Étant donné qu'elles accomplissent leur travail par amour pour la famille, elles laissent de côté les discussions sur la sécurité financière et misent beaucoup sur la reconnaissance affective. Elles font confiance en leur bonne étoile.

De génération en génération, les mentalités et les préjugés demeurent et les lois n'ont guère amélioré la situation des femmes au foyer. *Les jeunes femmes au foyer vivent les mêmes situations que leurs aînées ont vécues.* Les jeunes se marient encore et même plus nombreuses sous le régime de la séparation de biens. Elles ont accès aux ressources financières de la famille, mais ne possèdent pas nécessairement de biens durables et les achats en copropriété sont peu fréquents. Elles ne sont pas plus nombreuses à contribuer à un régime de retraite. De plus, elles font face à l'augmentation de taux de séparation, de divorce, aux problèmes de crise économique et de chômage, etc.

Bref, atteindre l'autonomie financière et la sécurité personnelle à l'intérieur d'une vie de couple n'est pas chose facile pour les femmes au foyer, à moins de changer les règles du jeu.

Chapitre 3

LE POUVOIR DANS LES FAMILLES

C'est un fait largement connu que les femmes sont pratiquement exclues du pouvoir, que ce soit au gouvernement, dans les institutions publiques ou dans les entreprises privées. Certains rationalisent cette situation en alléguant que les femmes exercent une influence équivalente à l'intérieur de la famille: «reines du foyer», elles détiendraient un pouvoir plus réel et peut-être plus grand que celui des hommes. En est-il bien ainsi?

Il faut d'abord distinguer entre différentes sortes de pouvoir. Celui auquel on fait référence en parlant de «reines du foyer» est un pouvoir affectif découlant des rôles de mère et d'épouse. Les femmes exercent une fonction nourricière en prodiguant soins, encouragements et affection et elles entretiennent le climat émotif de la famille en aplanissant les tensions et les conflits. À ce titre, elles ont une certaine emprise sur leur conjoint et sur leurs enfants et elles se situent au cœur des échanges familiaux. Cependant, ce pouvoir s'inscrit dans des limites fixées par le système social à la famille et à la division des rôles selon les sexes. Il rencontre donc sur son terrain une autre sorte de pouvoir: celui exercé dans les institutions sociales (économiques, politiques et culturelles) par des groupes ou des personnes qui peuvent édicter des normes, des règles ou des lois en se fondant sur une autorité légitimée par l'ordre social.

Même dans l'exercice de leur rôle d'éducatrices, les femmes rencontrent ce pouvoir social. Deux types d'influence extérieure se manifestent très tôt et viennent tempérer l'influence des mères sur les très jeunes enfants: les divers conseils et normes érigées par les «experts» sur l'éducation des enfants et l'influence directe des mass-media sur la formation des enfants. Deux auteures américaines[1] ont montré comment les médecins de toutes spécialités, les psychologues, les psychanalystes, les experts en économie domestique, etc., interviennent constamment pour ériger des normes définissant ce qu'est une bonne mère. Quant à l'influence des mass-media sur les enfants, il est facile de la constater tous les jours, bien qu'il soit difficile d'en évaluer globalement les effets. À cela, il faut ajouter l'influence de l'école qui intervient vers l'âge de six ans et l'influence des camarades de jeu et de classe, les deux s'accroissant au fur et à mesure que les enfants grandissent. Enfin, si le père délègue habituellement à la mère la majeure partie des responsabilités à l'égard des enfants, son influence est loin d'être négligeable. Elle peut s'appuyer sur le pouvoir que confère le rôle de pourvoyeur et sur l'image d'autorité masculine qui se dégage de la division sociale du travail entre les sexes.

Même lorsque nous abordons la question des relations entre les conjoints, nous rencontrons l'influence du système social. Nous venons de parler de l'image d'autorité des hommes: s'il est vrai que seule une minorité privilégiée détient les véritables postes de pouvoir, il reste que les femmes occupent en général des positions inférieures à celles des hommes dans toutes les organisations sociales. Inévitablement donc, au point de départ le statut social des deux conjoints est inégal. De plus, lorsque la femme occupe un emploi, il est le plus souvent de niveau inférieur et moins bien payé que celui du mari. Lorsque la femme est au foyer, le déséquilibre est encore plus grand: comme l'argent est une des bases essentielles du pouvoir dans nos sociétés, et comme elle n'a généralement pas de ressources financières personnelles, elle est en position d'infériorité. Plusieurs recherches menées dans les années 1950 et 1960, tant aux États-Unis qu'en Europe, démontrent que l'autorité de la femme dans un couple est plus grande lorsqu'elle travaille à l'extérieur[2]. Si nous ajoutons à cela l'absence de reconnaissance sociale du travail accompli au foyer, nous avons une idée plus complète de l'inégalité inhérente aux couples lorsque les femmes demeurent au foyer. Les enfants et les conjoints risquent fort de les considérer comme des pourvoyeuses de services toujours disponibles pour répondre à leurs besoins personnels.

Bref, si les femmes exercent une grande influence sur les échanges familiaux, tous, y compris elles-mêmes, savent bien que leur pouvoir ne dépasse pas les limites de la maison.

1. LES BASES DU POUVOIR

En nous arrêtant sur les limites que le pouvoir social impose à l'influence des femmes dans les familles, nous touchons du doigt une notion importante: pour exercer du pouvoir, il faut s'appuyer sur des atouts qui le légitiment ou sur une position de force. Il s'agit de la notion primordiale de «bases de pouvoir» développée dans les études américaines de sociologie de la famille. Une revue de cette littérature[3] met l'accent sur quatre de ces bases:

a) Les ressources économiques;
b) Les définitions culturelles du détenteur de l'autorité dans la famille;
c) Les ressources affectives, c'est-à-dire le degré d'implication personnelle dans la relation et le degré de dépendance envers le conjoint;
d) Les ressources personnelles: personnalité, apparence physique, etc.

Le contexte économique de la vie de couple a déjà été abordé à travers les questions cruciales de l'accès aux ressources familiales et de la situation légale du couple. Quelle marge de pouvoir est laissée aux femmes qui ont un accès limité aux ressources familiales? Quel pouvoir ont en réalité les femmes qui n'ont pas d'emploi rémunéré et qui vivent en séparation de biens? Même lorsque les relations inter-personnelles sont affectueuses et égalitaires, la dépendance financière des femmes au foyer les met à la merci du climat familial.

La définition culturelle de l'autorité n'est pas uniquement une question de valeurs sociales: elle doit être vue aussi en fonction de sa définition légale et du référent symbolique que constituent les figures d'autorité. Notre société met l'accent sur les valeurs démocratiques et favorise les relations égalitaires entre conjoints. Elle a d'ailleurs inscrit cette égalité dans sa loi récente régissant la famille. Mais les valeurs sociales ne constituent pas un tout uniforme et parfaitement intégré: beaucoup de gens croient encore à la division traditionnelle des rôles entre les sexes et à la supériorité des hommes. Nous aborderons dans un autre chapitre les valeurs des répondantes concernant la division des rôles selon les sexes et la condition féminine. Enfin, quelles que soient les valeurs exprimées consciemment, le fait que les figures d'autorité dans notre société soient masculines mine certainement le terrain des valeurs démocratiques, de façon d'autant plus insidieuse qu'elle est inconsciente.

Quant aux ressources affectives de chacun, il est évident qu'elles jouent dans la balance du pouvoir, mais dans un sens plutôt négatif: selon l'auteure d'une autre revue de la littérature sur le sujet, «le conjoint qui éprouve le moins de sentiment envers l'autre peut être le mieux placé pour contrôler et manipuler toutes les ressources dont il dispose en vue d'influencer les décisions[4]». Cela rejoint les observations d'une enquête américaine récente à l'effet que «le partenaire qui aime le moins est placé en position de pouvoir dans une relation[5]». En effet, *plus une relation est importante pour quelqu'un, plus il est disposé à investir ses énergies en termes d'efforts, de temps et de compromis.* De plus, le sentiment de responsabilité envers les enfants peut être un instrument de domination d'un conjoint sur l'autre: les personnes qui veulent épargner les difficultés d'une séparation aux enfants peuvent être amenées à tolérer des comportements qu'elles jugent inacceptables.

Bien sûr, les ressources personnelles telles que la personnalité, le niveau culturel, l'apparence physique ou tout autre attribut peuvent conférer du pouvoir dans un couple. Mais pour des raisons méthodologiques évidentes, il est impossible de tenir compte dans notre enquête des ressources affectives et personnelles des répondantes; cela demanderait des méthodes autres que celle du questionnaire fermé et auto-administré.

Le fait que notre sondage s'adresse uniquement aux femmes constitue une autre limite méthodologique de notre étude. Il s'agit là de renseignements nécessairement partiaux et partiels, les autres membres de la famille n'ayant pas été interrogés. Nous indiquerons en cours d'analyse les limites inhérentes à notre façon de procéder. Dans certains cas, il sera possible de recourir à d'autres études pour compléter nos résultats ou les valider. Quoi qu'il en soit, mentionnons que beaucoup d'études sur cette question se contentent des informations fournies par un seul membre de la famille.

Une fois reconnues les bases du pouvoir, il nous faut nous demander en quoi il consiste et comment le mesurer. Traditionnellement, les études s'arrêtent à la prise de décision dans un couple. On cherche à déterminer qui prend les décisions et on attribue le pouvoir à la personne qui décide le plus souvent dans le plus grand nombre de situations. Selon nous, cette définition est trop restrictive et d'autres dimensions devraient y être intégrées. Nous utiliserons à cette fin une définition suggérée par Constantina Saffilios-Rothschild:

[Le pouvoir dans la famille] est un concept multidimensionnel que nous mesurons indirectement à l'aide de comportements. Ces derniers nous servent d'instrument de vérification du pouvoir de chacun. Ainsi, le pouvoir familial peut être mesuré à travers le résultat des prises de décision, les façons de faire face aux tensions et aux conflits ou le type de partage des tâches. Aucun de ces types de comportements ne peut à lui seul être identifié au pouvoir dans la famille; c'est leur configuration totale qui nous révèle le modèle dominant du pouvoir[6].

Pour déterminer la balance du pouvoir dans les couples qui font partie de notre étude, nous regarderons donc, non seulement la prise de décision, mais aussi les façons de faire face aux tensions ou aux conflits et le type de partage des tâches. Pour étudier les prises de décision, il ne faut pas se demander uniquement qui décide quoi. Il nous faut aussi savoir *comment* se prennent les décisions. Une personne peut avoir l'impression de décider alors qu'elle a été fortement influencée par une autre. Constantina Safilios-Rothschild établit deux séries de distinctions importantes à ce propos. À son avis, il convient d'abord de distinguer autorité et influence. Dans une société où l'époux est clairement identifié comme l'autorité première, rien ne se fait sans qu'il l'ait décidé, à moins qu'il ne se sente pas concerné par le sujet. Dans une société comme la nôtre, qui met plutôt l'accent sur l'esprit égalitaire, la figure d'autorité doit se préoccuper de convaincre: les autres peuvent exercer une influence soit indirectement, soit en s'engageant dans une négociation ouverte. De plus, le conjoint qui a le plus d'autorité peut déléguer certaines décisions à l'autre parce qu'il les considère peu importantes ou parce que ce sont des tâches qui consomment un temps précieux qu'il préfère consacrer à autre chose. La première personne dispose du pouvoir d'orchestrer le processus de la prise de décision. La seconde prend la place qu'on lui laisse et applique les volontés de l'autre. S'il est pratiquement impossible d'étudier tout ce processus, nous pouvons nous pencher sur les techniques d'influence. Ces techniques sont particulièrement visibles en cas de tension ou de conflit: d'où l'idée de regarder de plus près ces situations.

L'importance de la division des tâches à l'intérieur de la famille apparaît clairement à la lumière de la distinction entre le pouvoir d'orchestrer et le pouvoir d'appliquer les décisions. Plus les femmes consacrent de temps aux tâches familiales, plus elles peuvent avoir l'impression d'être au centre de la vie familiale. Mais il faut bien voir que, socialement, elles n'ont pas le choix de les accomplir ou non:

seul leur conjoint a le choix d'«aider» ou non. En fait, elles sont chargées des tâches dont le conjoint ne veut pas parce qu'il préfère consacrer ses énergies à d'autres fins. *Bref, si à certains points de vue, le fait d'être responsable de la plupart des activités familiales leur confère du pouvoir, à d'autres points de vue, on peut considérer qu'elles les accomplissent parce qu'elles n'ont pas le pouvoir d'exiger de leur conjoint qu'il les partage avec elles.*

2.   LA PRISE DE DÉCISION

Notre instrument de mesure de la prise de décision comprend douze situations. Il s'agit de l'allocation du budget (nourriture, vêtements pour la répondante et les enfants), de l'achat de certains biens (meubles, appareils ménagers, auto), de choix à opérer pour les loisirs (vacances familiales, sorties, amis à recevoir et à voir) ou pour les vêtements du conjoint. Enfin, deux décisions concernent l'éducation des enfants: les permissions à accorder et les punitions à infliger.

Nous avons déjà abordé au chapitre précédent, mais de façon globale, la question de la prise de décision dans le budget. Nous verrons ici si les résultats précédents se confirment lorsque nous analysons la situation en faisant ressortir certains postes budgétaires. Comme tous les couples ne fonctionnent pas nécessairement sur la base d'un budget préétabli, nous avons préféré utiliser l'expression «achats de certains biens» pour désigner certaines dépenses plus occasionnelles. Nous aurons ainsi une idée plus complète du mode d'allocation du budget. Mais les décisions importantes dans un couple ne concernent pas uniquement l'allocation des ressources, elles touchent également le style de vie et l'éducation des enfants. Nous avons sélectionné cinq situations dans ces deux domaines particuliers: notre liste n'est certainement pas exhaustive, mais elle comprend des situations cruciales pour l'orientation de la vie familiale. Quant à la question touchant le choix des vêtements du conjoint, elle nous servira d'indicateur de son degré de dépendance envers son épouse pour ses besoins personnels.

Notre question était formulée ainsi: «Qui prend les décisions dans les situations suivantes?» Nous avons énuméré douze situations et pour chacune, la répondante devait cocher une des réponses suivantes: moi-même, mon conjoint, les deux. Les résultats sont présentés au tableau 1. Mentionnons que la plupart des situations concernent l'ensemble des répondantes vivant avec un conjoint, soit un total potentiel de 453.

Trois situations concernent uniquement les couples ayant charge d'enfants âgés de moins de dix-huit ans, soit un total potentiel de 236. Dans deux cas, le taux de non-réponses est supérieur à 10%; il s'agit du choix des vacances familiales (10,6%) et du choix d'une sortie (16,6%). Ces taux sont élevés parce que les situations en question ne touchent pas nécessairement toutes les répondantes; tout le monde ne part pas en vacances et certaines personnes vont rarement au cinéma ou au théâtre.

TABLEAU 1

QUI PREND LES DÉCISIONS DANS LES SITUATIONS SUIVANTES?

Situation	Moi-même %	Mon conjoint %	Les deux %	Total % (Répondantes)
Montant alloué par semaine pour la nourriture	40,4	8,2	51,4	100,0 (430)
Budget alloué pour mes vêtements	56,5	3,7	39,8	100,0 (418)
Budget alloué pour les vêtements des enfants*	53,1	3,3	43,6	100,0 (231)
Achat de meubles	7,6	2,4	90,0	100,0 (445)
Achat d'appareils ménagers	8,6	2,0	89,4	100,0 (437)
Achat d'une auto	0,4	37,5	62,1	100,0 (416)
Choix des vacances familiales	2,5	4,9	92,6	100,0 (405)
Choix d'une sortie (cinéma, théâtre)	9,4	4,6	86,0	100,0 (378)
Choix des amis à recevoir et à voir	6,3	3,7	90,1	100,0 (419)
Permission accordée aux enfants*	9,4	0,7	89,8	100,0 (229)
Punition aux enfants*	16,7	1,5	81,8	100,0 (228)
Choix des vêtements du conjoint	12,7	29,5	57,9	100,0 (432)

* Ces pourcentages sont calculés sur le total des couples ayant à la maison un enfant de moins de dix-huit ans.

Sauf exception, les décisions se prennent très majoritairement à deux. Les exceptions ont trait au budget alloué pour les vêtements de la répondante et pour ceux des enfants; il s'agit de décisions prises majoritairement par la répondante. Un autre poste budgétaire, le montant hebdomadaire alloué à la nourriture, repose sur les seules épaules de la femme dans 40% des cas. Ainsi, lorsqu'elles ne sont pas prises à deux, les décisions budgétaires courantes ont tendance à reposer beaucoup plus souvent sur les épaules des femmes que sur celles des hommes. Dans les neuf autres situations la proportion de décisions prises par la femme seule va de 16,7% à 0,4%.

Quant au conjoint, la proportion des cas où il prend la décision seul est négligeable dans dix situations sur douze: les pourcentages varient alors de 8,2% à 0,7%. Les deux exceptions sont l'achat d'une auto (37,5% de décisions par le conjoint) ou le choix de ses propres vêtements (29,5%); il juge donc plus souvent utile de choisir lui-même l'auto que ses propres vêtements. Il est sans doute l'usager le plus habituel de l'auto et son propriétaire légal. Quant au choix de ses vêtements, nous aurions pu nous attendre à ce qu'il le fasse lui-même dans la majorité des cas: il semble à première vue plus dépendant envers sa conjointe pour ses besoins personnels qu'elle ne l'est envers lui. Notons ici qu'il s'agit d'une dépendance affective: il compte sur le goût de sa compagne alors que celle-ci a plutôt un problème de dépendance économique.

Bref, dans dix situations sur douze, les décisions se prennent majoritairement à deux. Dans les autres cas, c'est la femme qui prend elle-même la majorité des décisions. Doit-on en conclure que les relations au sein des couples visés par notre sondage sont presque parfaitement égalitaires? Pour répondre à cette question, nous devons cerner les limites de la méthode utilisée pour obtenir nos résultats.

Il est méthodologiquement très difficile d'étudier les décisions qui se prennent dans les familles. Les résultats dépendent de plusieurs choix, notamment des types des décisions retenues et du poids attribué à chacune par le chercheur. Certaines sont plus importantes que d'autres, mais la sélection des enquêteurs ne correspond pas nécessairement à la situation vécue par les personnes visées. De plus, comme notre société valorise les relations égalitaires, les réponses ont pu être biaisées dans ce sens. La formulation de nos catégories a pu favoriser cette tendance: la catégorie «les deux» peut inclure des situations très diverses où les deux conjoints sont impliqués à des degrés différents et ne signifie pas nécessairement que la décision est véritablement égalitaire. Notons enfin que les réponses des hommes et des femmes aux mêmes questions peuvent varier. C. Safilios-Rothschild mentionne plusieurs études qui ont mesuré le degré de désaccord entre les conjoints: ce degré varie beaucoup d'une enquête à l'autre et à propos de certaines décisions particulières. Il nous paraît donc inutile de comparer nos résultats à ceux obtenus dans d'autres recherches.

Malgré toutes ces précautions méthodologiques, *nous pouvons conclure sans crainte de nous tromper que les femmes au foyer ont voix au chapitre quant il s'agit de prendre des décisions concernant la vie familiale.* Il ne faut sans doute pas attacher une trop grande importance à la précision des pourcentages. Mentionnons à titre d'exemple les résultats du chapitre précédent concernant l'administration globale du budget: 67,2% des répondantes affirment administrer le budget conjointement avec leur mari, 18,5% l'administrent elles-mêmes dans sa totalité et dans 14,3% des cas, le conjoint l'administre seul. Lorsque nous examinons l'administration du budget par poste budgétaire ou par achats occasionnels, les résultats ne sont plus les mêmes. Dans l'allocation du budget, la répondante prend la majorité des décisions à propos de deux postes sur trois, la décision est égalitaire neuf fois sur dix pour les meubles et les appareils ménagers et six fois sur dix pour la voiture. C'est dire que plus on fouille la situation, plus les chiffres se nuancent, mais les cas où la femme n'a aucune voix au chapitre demeurent négligeables.

Remarquons enfin que la plupart des décisions énumérées font partie du rôle traditionnel de la femme à l'intérieur de la famille. À certains égards, il s'agit d'ailleurs plus de l'accomplissement de tâches découlant de certaines décisions globales que de prises de décision en elles-mêmes. Par exemple, l'administration régulière du budget, son allocation à la nourriture ou aux vêtements peuvent être considérées plutôt comme des corvées que comme des activités conférant du pouvoir. En d'autres termes, il faudrait se demander quelle importance chacun des conjoints accorde à chacune des décisions énumérées: s'agit-il d'une corvée ou d'un choix important dans l'orientation de leur vie ou de celle de la famille?

La modalité de prise de décision est peu affectée par le revenu ou par l'âge. Une seule décision sur un total de douze varie significativement selon le revenu. Quatre décisions présentent des liens significatifs avec l'âge; comme les variations ne suivent pas le même modèle d'un cas à l'autre, nous jugeons peu utile de les mentionner. Enfin, contrairement à ce qu'on aurait pu penser d'après notre revue de la littérature qui désigne les ressources personnelles comme base de pouvoir, la scolarité n'influence qu'une seule décision sur douze.

3.   LE MODE D'INTERACTION EN CAS DE TENSION OU DE CONFLIT

La capacité d'un conjoint d'influencer le comportement de l'autre ou
de lui imposer des décisions ou des comportements peut être difficile
à repérer dans la plupart des situations courantes lorsque la bonne
entente règne. Les conjoints développent habituellement des façons de
faire qui assurent une interaction assez harmonieuse dans la vie de tous
les jours pour leur permettre de fonctionner sans avoir à discuter ou
négocier à propos de tous leurs faits et gestes. Il existe bien entendu
des ménages où le conflit est continuel, mais ils sont minoritaires.
Pour éclairer nos données sur la prise de décision, il nous a semblé
intéressant de nous pencher sur le mode d'interaction en cas de tension
ou de conflit. C'est à ce moment que les techniques d'influence se
révèlent le plus facilement, de même que la balance du pouvoir.

Nous avons énoncé cinq propositions décrivant différentes attitudes
possibles des répondantes envers leur conjoint face à l'expression de
leurs besoins ou de leurs opinions. Toutes ne décrivent pas des situations
de conflit parce qu'il nous a semblé nécessaire de vérifier d'abord dans
quelle mesure ces femmes préfèrent se censurer elles-mêmes plutôt
que de risquer un conflit. C'est seulement à partir du moment où les
besoins ou les opinions sont exprimés que le processus d'interaction
peut s'engager sous forme de discussion, de négociation ou d'imposition
pure et simple de la volonté de l'un sur l'autre.

Nos propositions étudient le mode d'interaction dominant de la
femme à l'égard de son conjoint. Si une répondante évite d'exprimer
une opinion en présence de son mari, nous ne pouvons savoir si ce
fait est dû à une attitude passive de sa part ou à une agressivité particulière
du conjoint qui bloque l'expression de toute autonomie ou de toute
opposition. Ne disposant d'aucune information sur le conjoint, nous
ne pouvons aller au-delà de la description du mode d'interaction tel
qu'il est vécu par la femme. Il ne nous a pas semblé nécessaire de
faire le tour de toutes les attitudes possibles ou d'étudier un grand
nombre de situations concrètes. Il s'agissait plutôt de mesurer le degré
d'expression directe ou indirecte des besoins et des opinions, ainsi que
le degré de soumission dans une situation conflictuelle. Notons enfin
que le questionnaire écrit est une méthode peu propice à l'expression
(nous devrions dire l'aveu) de certains types d'interaction comme la
violence, le chantage ou de tout ce qui fait l'objet d'une forte dés-
approbation sociale.

Les propositions ont été présentées en demandant à quelle fréquence il arrivait aux répondantes d'adopter les attitudes décrites par chacune. Les réponses prévues consistaient en une échelle de cinq points allant de très souvent à jamais.

La première étape de la communication est l'expression par chacun des ses besoins ou de ses opinions. C'est sur cette base que s'engage la discussion. Nous avons donc demandé à quelle fréquence l'attitude suivante était adoptée: «Je me sens à l'aise pour exprimer mes goûts personnels à mon conjoint.» Les résultats montrent que, dans les trois quarts des cas environ, la communication est très ou assez souvent possible:

• très souvent	52,0%
• assez souvent	24,2%
• parfois	16,2%
• rarement	5,5%
• jamais	2,0%
Total (429)	100,0%

Si l'expression des goûts personnels est un minimum nécessaire à la communication, l'expression d'opinions divergentes exige un peu plus d'affirmation de soi. Dans quelle mesure les répondantes hésitent-elles à engager la conversation avec leur conjoint quand elles n'ont pas la même opinion que lui sur un sujet? Un peu moins de la moitié des femmes (45%) n'hésitent que rarement ou jamais à établir la communication dans une telle situation:

• très souvent	14,2%
• assez souvent	14,1%
• parfois	26,9%
• rarement	25,8%
• jamais	19,2%
Total (432)	100,0%

Une fois la discussion engagée, les femmes cèdent-elles sans lutter pour obtenir ce qu'elles veulent? Nous leur avons demandé à quelle fréquence elles réagissent de la façon suivante: «Je préfère me taire et céder lors d'une discussion avec mon conjoint.» Un peu plus du quart optent pour la soumission très ou assez souvent; la majorité choisissent donc de défendre leur point de vue:

• très souvent	12,5%
• assez souvent	14,9%

• parfois	37,5%
• rarement	23,7%
• jamais	11,4%
Total (422)	100,0%

On reproche assez souvent aux femmes de recourir à des tactiques indirectes pour obtenir ce qu'elles veulent: on les accuse de manipuler la situation au lieu d'affronter directement l'adversaire. Une des tactiques possibles est la bouderie et une autre, la séduction. Nous avons donc formulé deux propositions dans ce sens. La première: «Il m'arrive de bouder lorsque je n'obtiens pas ce que je veux», obtient les résultats suivants:

• très souvent	4,3%
• assez souvent	5,6%
• parfois	20,8%
• rarement	31,2%
• jamais	38,1%
Total (414)	100,0%

Quant à la seconde: «Il m'arrive de devoir employer la séduction pour obtenir ce que je veux», les opinions exprimées se partagent ainsi:

• très souvent	2,7%
• assez souvent	2,6%
• parfois	14,1%
• rarement	20,4%
• jamais	60,2%
Total (423)	100,0%

Selon les répondantes, il s'agit d'attitudes très peu fréquentes. Seulement une sur dix boude très ou assez souvent et une sur vingt emploie très ou assez souvent la séduction.

D'après les résultats, le mode d'interaction dominant entre les conjoints semble être l'expression franche des goûts personnels, la défense de son point de vue dans une discussion et l'exclusion de tactiques de manipulation. Par contre, certaines données indiquent que plusieurs choisissent de ne pas donner une opinion contraire à celle de leur conjoint pour éviter une tension ou un conflit.

Le mode d'interaction entre les conjoints varie peu selon leur niveau de revenu. Par contre, l'âge de la répondante influence son attitude dans deux cas sur quatre. Les femmes âgées de moins de 35

ans hésitent beaucoup plus rarement que les autres à engager la conversation avec leur conjoint quand elles n'ont pas la même opinion sur
un sujet: 61,7% d'entre elles hésitent rarement ou jamais à le faire,
comparativement à 42,6% des femmes âgées de 35 à 44 ans; à partir
de 55 ans, les pourcentages se situent entre 32 et 38%.

De même, les plus jeunes choisissent plus rarement de se taire
et de céder lors d'une discussion avec leur conjoint: 51,2% des répondantes âgées de moins de 35 ans n'adoptent que rarement ou jamais
une telle attitude, comparativement à 41,3% de celles âgées de 35 à
44 ans et à environ 25% des personnes âgées de 45 ans ou plus. Ainsi,
les plus âgées sont plus soumises et s'engagent moins volontiers dans
des oppositions ouvertes. Doit-on louer leur sagesse ou déplorer le fait
que la paix de leur ménage est souvent acquise au prix de leur silence?

4.   LE PARTAGE DES TÂCHES

Toutes les études démontrent que les femmes assurent la plus grande
part du travail ménager dans les couples, qu'elles occupent ou non un
emploi rémunéré. Voyons quelques chiffres rassemblés dans un ouvrage
collectif sur le travail au foyer[7]:

• Une enquête américaine menée en 1964 par James Morgan
montre que les femmes accomplissent 70% des tâches dans les 2 214
familles étudiées (p. 145).

• Une étude de K. Walker et M. Woods menée dans une ville
américaine en 1967-68 montre que les femmes au foyer accomplissent
72% des treize activités domestiques énumérées alors que les femmes
en emploi en font 62% (p.69).

• Une enquête menée auprès de 1 256 couples français en 1971
montre que les femmes au foyer ont été aidées dans l'accomplissement
d'au moins une des cinq tâches énumérées par 29% des conjoints et
les femmes en emploi, par 45% des conjoints (p. 187).

Si la part de l'«aide» varie d'une étude à l'autre selon les mé-
thodologies employées ou le contexte culturel, un fait demeure constant:
le travail au foyer est une responsabilité assumée par les femmes. Elles
n'ont pas le choix de le faire ou non, seul le conjoint a le choix de
les aider ou non. Ainsi, l'attribution des tâches domestiques aux femmes
n'est pas un phénomène spécifique aux couples où la femme est au
foyer. Si la spécialisation des tâches peut se justifier dans un tel cas,

comment expliquer son maintien dans les couples où les deux occupent un emploi? Il ne s'agit pas ici d'opposer les femmes au foyer à celles qui sont sur le marché du travail mais de bien saisir toutes les dimensions du problème: le temps consacré au travail ménager par la femme en emploi est pris sur son temps de loisir et c'est ici qu'apparaît une des inégalités les plus criantes. Une étude menée à Vancouver en 1975 montre que c'est son conjoint qui en profite. Par exemple, dans un couple qui a un enfant de moins de dix ans, la femme en emploi dispose de 18,8 heures de loisir par semaine pendant que son conjoint dispose de 32 heures; si la femme est au foyer, elle dispose de 34,4 heures hebdomadaires et son conjoint, de 31,1 heures[8].

Comment s'étonner alors que plusieurs femmes préfèrent demeurer au foyer? Elles ont le choix entre une journée simple et une double journée de travail. Si elles ont peu d'expérience de travail ou peu de formation, elles risquent fort d'accéder à un poste mal payé, sans possibilité de promotion et subalterne... Enfin, les hommes semblent tellement réfractaires au travail ménager que, plus ils y contribuent, plus de conflits naissent parmi les couples mariés[9].

Qu'en est-il parmi les couples rejoints par notre enquête? Nous avons énuméré quinze tâches domestiques comprenant des travaux ménagers habituels ou occasionnels et certains soins aux enfants. Pour chacune, la répondante devait indiquer sur une échelle de quatre points dans quelle mesure elle assume la responsabilité de la tâche et qui y contribue lorsqu'elle ne l'accomplit pas elle-même. Voyons en premier lieu le degré de responsabilité des répondantes dans chacune des tâches.

Dans ce tableau, les tâches ménagères concernent au maximum 453 femmes, celles qui vivent avec leur conjoint; les soins aux enfants en concernent 236, celles qui vivent avec un ou des enfants(s) âgé(s) de moins de dix-huit ans. On peut lire ce tableau de plusieurs façons: on peut soit s'intéresser à chacune des colonnes, soit en privilégier une ou deux au détriment des autres, ou encore on partage le tableau en deux en insistant sur les cas où les répondantes n'obtiennent que rarement ou jamais de l'aide. Nous préférons la dernière solution qui correspond le plus à nos objectifs d'identification du partage des tâches: la catégorie «le plus souvent elle» doit, selon nous, être additionnée à la catégorie «toujours elle», car elle indique une aide occasionnelle qui laisse la responsabilité habituelle aux répondantes.

Toutes les tâches ménagères habituelles sauf une, «sortir les ordures ménagères», demeurent sous la responsabilité de six à neuf répondantes sur dix. La plupart de ces tâches sont quotidiennes ou

TABLEAU 2

DEGRÉ DE RESPONSABILITÉ DES RÉPONDANTES
DANS LES TÂCHES DOMESTIQUES

Tâches ménagères	Toujours elle %	Le plus souvent elle %	D'autres y contribuent souvent %	Jamais elle %	Total des effectifs
1. Préparation des repas	42,8	43,0	11,5	2,8	439
2. Faire la vaisselle	26,1	38,6	28,1	7,2	425
3. Épousseter	61,2	24,7	11,3	2,8	451
4. Faire les lits	54,1	24,2	19,7	1,9	444
5. Faire l'épicerie	32,1	30,5	25,7	11,7	444
6. Réparer les vêtements	80,4	12,3	4,8	2,5	437
7. Laver les planchers	58,9	19,1	11,8	10,3	435
8. Sortir les ordures ménagères	8,2	15,7	27,3	48,8	435
9. Pelleter la neige	3,2	7,4	28,5	61,0	392
10. Tondre la pelouse	4,0	9,7	24,3	62,0	366
11. Jardiner	15,9	23,8	40,7	19,7	324
Soins aux enfants					
12. Aider les enfants à faire leurs devoirs	32,2	36,1	24,1	7,6	152
13. Accompagner les enfants à leurs activités	14,4	30,2	30,8	24,6	163
14. Jouer avec les enfants	3,7	24,8	62,2	9,3	197
15. Soigner un enfant malade	31,3	45,4	20,2	3,1	224

habituelles: réparer les vêtements (92,7% de «toujours et le plus souvent elle)», épousseter (85,9%), préparer les repas (85,8%), faire les lits (78,3%), laver les planchers (78,0%), faire la vaisselle (64,7%) ou l'épicerie (62,6%). Mise à part la sortie des ordures ménagères (23,9%), les tâches assumées par une minorité de répondantes sont saisonnières: jardiner (39,7%), tondre la pelouse (13,7%) ou pelleter la neige (10,6%). Soulignons que le total des répondantes pour ces dernières tâches est inférieur aux autres parce qu'il n'y a pas toujours de pelouse, de jardin ou même de terrain attenant à un logement et que plusieurs de ces femmes sont locataires.

Quant aux soins aux enfants, les tâches énumérées sur la liste sont plus partagées. Les répondantes sont majoritairement responsables dans deux cas sur quatre: soigner un enfant malade (76,7%) et aider les enfants à faire leurs devoirs (68,3%). Elles sont minoritaires à assumer complètement l'accompagnement des enfants à leurs activités (44,6%) ou les jeux avec eux (28,5%). Le pourcentage de non-réponses ou de cas où les répondantes ne font jamais l'une de ces tâches peut paraître élevé: nous pouvons penser qu'il en est ainsi parce que les enfants sont à un âge où cette activité est dépassée. Soulignons enfin que l'éducation et le soin des enfants ne peuvent être réduits aux tâches énumérées par l'enquête et qu'il faudrait étudier chacune en tenant compte de l'âge précis des enfants.

Si nous ne tenons pas compte de la fréquence de l'aide, nous pouvons construire un autre tableau qui nous indique qui contribue à chacune des tâches.

TABLEAU 3

SOURCE D'AIDE POUR LES DIFFÉRENTES
TÂCHES DOMESTIQUES

Tâches ménagères	Aucune %	Conjoint %	Enfants %	Conjoint et enfants %	Répondantes concernées
1. Préparation des repas	42,8	28,5	12,3	2,8	439
2. Faire la vaisselle	26,1	33,6	15,5	5,3	425
3. Épousseter	61,2	11,7	12,8	0,8	451
4. Faire les lits	54,1	13,7	14,6	3,8	444
5. Faire l'épicerie	32,1	43,1	3,5	2,8	444
6. Réparer les vêtements	80,4	3,5	2,1	0,5	437
7. Laver les planchers	58,9	20,1	4,1	0,8	435
8. Sortir les ordures ménagères	8,2	53,2	10,2	6,3	435
9. Pelleter la neige	3,2	57,0	5,9	9,4	392
10. Tondre la pelouse	4,0	54,7	7,8	6,3	366
11. Jardiner	15,9	54,4	2,6	4,2	324
Soins aux enfants					
12. Aider les enfants à faire leurs devoirs	32,2	43,3	3,1	1,3	152
13. Accompagner les enfants à leurs activités	14,4	57,6	2,8	2,1	163
14. Jouer avec les enfants	3,7	63,0	0,5	6,3	147
15. Soigner un enfant malade	31,3	47,0	1,9	0,6	224

Dans quatre cas, la majorité des répondantes ne reçoit aucune aide. Quant aux onze autres tâches, l'aide du conjoint est presque toujours plus fréquente que celle des enfants. Le tableau ne mentionne pas les autres sources d'aide, qui sont négligeables (de 0 à 4,7% selon le cas). Signalons par ailleurs que le taux de non-réponses est très élevé (de 9,3% à 26,1%). Il en est ainsi parce que certaines répondantes ont indiqué qu'elles recevaient occasionnellement de l'aide, sans en préciser la source. Le calcul des pourcentages tient compte de ces situations, mais il ne nous a pas paru utile de les mentionner toutes.

Le niveau de revenu familial influence peu le degré auquel les répondantes assument la responsabilité des tâches: une seule tâche sur quinze y est associée de façon significative. Par contre, huit cas sur quinze présentent des liens significatifs avec l'âge des répondantes: il s'agit de la préparation des repas, de faire la vaisselle, de faire les lits, de faire l'épicerie, de sortir les ordures ménagères, de pelleter la neige, de tondre la pelouse et de jouer avec les enfants. Il n'y a cependant pas un modèle unique de variation et, de plus, cette variation tend à s'estomper lorsqu'on additionne les cas où les répondantes assument les tâches toujours seules et le plus souvent seules: l'âge introduit donc plutôt des nuances que des oppositions marquées de situations.

Bref, la majorité des répondantes assument la responsabilité de toutes les tâches ménagères les plus exigeantes et les plus courantes tandis que les conjoints assument certaines tâches occasionnelles. Par contre, les responsabilités sont plus partagées lorsqu'il s'agit des soins aux enfants.

CONCLUSION

D'après les données de notre enquête, la majorité des femmes au foyer participent aux décisions prises dans leur famille et entretiennent avec leur conjoint une relation où elles peuvent exprimer leurs opinions. Les échanges entre conjoints se situent dans le cadre d'une spécialisation des tâches assez poussée: les femmes ont la responsabilité de l'entretien quotidien de la maison et la majorité des hommes (n'oublions pas que 27% d'entre eux ne sont pas sur le marché du travail) consacrent leurs énergies au travail rémunéré, tout en se chargeant de certaines tâches occasionnelles.

Dans quelle mesure ces données permettent-elles de mesurer le pouvoir détenu par les femmes au foyer au sein de leur famille? Tout dépend de la façon dont on définit le pouvoir. S'il s'agit simplement de la capacité d'influencer le comportement des autres, il ne fait pas de doute que le rôle de mère et d'épouse place habituellement la femme au centre des échanges affectifs de sa famille et qu'à ce titre, elle exerce une grande influence. Dans la mesure où les liens affectifs entre conjoints (l'amour, les relations sexuelles, le compagnonnage) sont assez forts pour leur permettre de résoudre leurs conflits sans qu'il y ait rupture, on pourrait penser que la question du pouvoir n'est pas pertinente.

Mais la famille n'est pas uniquement un lieu d'échanges affectifs, elle est un lieu où s'accomplissent certaines tâches, où s'échangent certains biens et où se prennent certaines décisions. Nos données sur les femmes au foyer indiquent que les échanges s'organisent en fonction d'une spécialisation des tâches entre conjoints. Il est donc normal que, ayant la responsabilité des tâches ménagères, ces femmes participent aux décisions concernant l'organisation de la maison et même qu'elles décident seules dans certains cas. Peut-on appeler cela du pouvoir? *Il s'agit plutôt d'une division du travail qui fonctionne en supprimant les conflits potentiels: si chacun garde sa place, la famille peut fonctionner de façon harmonieuse.* Mais cela cache une inégalité entre les conjoints. Certains faits placent au départ les hommes dans une situation de pouvoir. Dans un couple où la femme demeure au foyer, le conjoint possède en plus les ressources économiques de la famille. Les femmes au foyer disposent surtout de ressources affectives: sans dire que cela est négligeable, il faut admettre que ça ne vaut que dans la mesure où le conjoint y accorde du prix.

C'est dire que le pouvoir a deux faces: la capacité d'influencer le comportement des autres en vertu de ressources personnelles et la capacité d'influencer ou de contraindre les autres en vertu d'une position d'autorité conférée par un statut social. Cette dernière face du pouvoir se révèle en particulier à propos de la division des tâches à l'intérieur de la famille: il est clair que cette division repose sur l'inégalité entre les sexes.

Si la femme est au foyer, l'homme peut occuper un emploi rémunéré pendant qu'elle entretient la maison et s'occupe des enfants et, lorsqu'il revient le soir, il peut avoir des loisirs. Son épouse doit être disponible en tout temps, mais sa rémunération n'est pas fixe. Elle est assurée au minimum du logement et de la nourriture; pour le reste, cela dépend de sa relation avec le conjoint. Si la femme occupe un emploi rémunéré, l'homme modifie très peu son emploi du temps, car il lui laisse accomplir la majorité des tâches ménagères: pour elle, cela se solde par une double journée de travail.

En définitive, la vie de couple confère aux hommes un pouvoir de contrainte sur le temps des femmes. Elles peuvent exercer un pouvoir d'influence, mais uniquement dans les limites fixées par la division sociale du travail selon les sexes, et lorsque la qualité de l'interaction avec leur conjoint le permet.

Chapitre 4

LA PARTICIPATION SOCIALE ET LES INTÉRÊTS DES FEMMES AU FOYER

Souvent, on nous présente les femmes au foyer comme des personnes isolées. On les décrit comme des femmes absorbées par leurs tâches, concentrées sur leurs rôles familiaux, participant peu à la vie sociale et sans projet personnel pour l'avenir. Évidemment, de par leurs occupations, ces femmes voient peu de gens et effectuent peu de sorties autres que celles reliées à leurs fonctions. Mais pourquoi en conclure qu'elles ont peu d'intérêts en dehors de ce qui touche leur famille, et dire qu'elles sont loin de toute vie sociale?

Cette image vient du fait qu'on les identifie d'abord et avant tout comme des épouses et des mères. L'accent mis sur ces deux fonctions passe sous silence les autres types de rôles qu'elles peuvent exercer: femme, citoyenne, amie, membre de sa famille d'origine, personne ayant des besoins et des désirs propres.

Pourquoi en vient-on à donner une image aussi simplifiée de ces femmes?

D'abord, parce qu'on les décrit généralement comme des mères de jeunes enfants débordées par de lourdes tâches. Or, nous avons vu au premier chapitre que les charges familiales ne sont pas les mêmes pour toutes: seulement 26,4% des répondantes sont mères de jeunes enfants. Il faudrait donc chercher ailleurs les causes du prétendu «isolement» pour les autres. Notre expérience de travail auprès des femmes nous permet de dire que les femmes au foyer sans jeunes enfants peuvent aussi être débordées de travail. Sous prétexte qu'elles ne «travaillent pas», on leur demande une grande disponibilité. On leur attribue toutes sortes de tâches: faire une course pour le conjoint qui travaille, préparer ou participer à une activité scolaire, pallier l'horaire trop chargé d'un adolescent, etc. Elles deviennent les «dépanneuses officielles» de la famille. Ou encore, on leur demande d'abandonner une activité personnelle pour répondre à un besoin urgent de la famille, alléguant que leurs fonctions familiales doivent avoir en tout temps préséance sur leurs occupations personnelles.

D'autre part, l'isolement au foyer apparaît évident en comparaison avec la situation des personnes sur le marché du travail. Comme ces individus (hommes ou femmes) voient régulièrement des gens, on en conclut que le fait de côtoyer des compagnes ou compagnons de travail brise l'isolement, permet la création d'un réseau social et donne l'occasion d'échanger des idées. Mais c'est là une vision idyllique du milieu de travail qui demanderait à tout le moins d'être nuancée selon les postes occupés. En fait, même lorsque les femmes au foyer voient peu de gens en dehors de leur mari et de leurs enfants ou sortent peu, elles ne sont pas nécessairement isolées. Elles ont la possibilité d'être confrontées à des idées différentes par l'intermédiaire de la radio, de la télévision, par les membres de leur famille et rien dans leurs fonctions ne leur interdit de lire pour s'informer. Reste à savoir si leur réseau social est aussi limité qu'on le dit.

Par ailleurs, le fait de travailler dans son foyer peut avoir des effets positifs ou négatifs sur le comportement. C'est là qu'entrent en jeu les traits de caractère, les intérêts et les attitudes personnelles. Le travail individuel peut inciter certaines femmes à s'intéresser davantage à différents sujets, à accroître leur participation sociale pour contrebalancer leur isolement. D'autres peuvent se replier sur elles-mêmes au service de leur famille en laissant de côté tous les sujets ou activités non rattachés à leurs tâches quotidiennes. Ces dernières n'ont qu'une seule source de satisfaction, le bien-être de leur famille, et risquent de souffrir d'isolement. Si elles ont peu de gens avec qui discuter et si, par surcroît, leur ménage va mal, leur situation peut devenir très grave.

Les femmes au foyer ont en plus la réputation d'être très peu intéressées à la politique ou aux débats sur l'amélioration de la condition féminine. Puisqu'elles ont choisi une forme d'insertion sociale conforme aux traditions, on en déduit qu'elles sont traditionnelles. Cette réputation n'est certes pas particulière aux femmes au foyer, elle concerne toutes les femmes.

Tout dépend évidemment de la façon dont on définit la politique. Si on la restreint à l'accès aux postes de commande, le manque d'intérêt de la majorité des femmes est évident. Mais on peut aussi la concevoir comme une participation à la vie communautaire. Comme l'explique Yolande Cohen: «Les femmes ont développé des réseaux de solidarité et des formes d'intervention sociale à partir des lieux où elles se sentaient confortables et à l'aise[1].»

Notons que, encore de nos jours, la société perçoit très mal l'intérêt pour la cause des femmes. D'autre part, accepter sa propre situation en pensant que d'autres sont plus démunies est une réaction courante chez les femmes. De plus, étant donné l'image véhiculée par les médias, le terme «féministe» fait peur et est synonyme d'extrémiste pour plusieurs. Enfin, le mouvement des femmes a une position ambiguë par rapport aux femmes au foyer. En se battant pour l'égalité, plusieurs femmes en sont venues à la conclusion qu'il fallait les sortir du foyer pour aller conquérir leurs droits sur le marché du travail. Les femmes au foyer se sentent dévalorisées et craignent de perdre tout ce qui est leur raison d'être, en particulier les valeurs familiales.

Nous verrons dans ce chapitre si cette image des femmes au foyer correspond à la réalité. Nous ne nous attendons pas, encore une fois, à trouver un bloc homogène. Plusieurs facteurs peuvent influencer la variation des rôles sociaux assumés par ces femmes et parmi eux les analyses insistent en général sur le *cycle de vie*. Helena Lopata décrit ces changements de comportement selon le cycle de vie[2]. Elle distingue quatre moments dans la vie des femmes. D'abord il y a le *début de la vie de couple*, pendant lequel elles décorent leur logement et apprennent leurs rôles d'épouse et de ménagère. Elles modifient leur relation à leur famille d'origine et s'insèrent dans la famille du conjoint.

La *phase d'expansion* correspond à la naissance du premier enfant. Souvent, à ce moment, les femmes laissent leur emploi et s'isolent progressivement dans leur famille. Elles font l'apprentissage de la liberté: elles n'ont plus à se plier à un horaire fixé par d'autres. Cependant, un ou plusieurs enfants s'ajoutent à la famille et la charge de travail devient plus lourde.

À *l'apogée du foyer*, tous les enfants sont nés et ils ne sont pas assez vieux pour partir. Les familles nombreuses d'autrefois en faisaient une époque centrale et prolongée, la faible taille des familles d'aujourd'hui diminue l'importance de cette phase. Certaines femmes commencent alors à agrandir leur cercle d'activités. D'autres, au contraire, s'installent dans cette phase avec l'idée que toute leur vie sera centrée sur la famille et que le rôle de grand-mère viendra combler le vide laissé par le départ des enfants. C'est à ce moment que les enfants sont une source de satisfaction ou de frustration selon que leur comportement laisse voir le succès ou l'échec de leur éducation.

Enfin, arrive le *cercle réduit*, c'est l'époque du «nid vide»,le dernier enfant a quitté la maison. Comme le rôle des femmes au foyer est surtout établi en fonction de leurs enfants, le départ de ces derniers les laisse sans fonction ni rôle social nettement définis. À moins qu'elles n'aient prévu des changements à la phase précédente, c'est trente ou quarante années qu'il leur reste à vivre à la façon d'une personne retraitée. Pour plusieurs, le veuvage vient encore réduire le cercle d'appartenance.

Cette description reflète assez bien l'image habituelle que l'on a de la vie des femmes au foyer, entièrement orientée par les événements de leur vie familiale. Mais selon nous, ce n'est pas le seul facteur d'influence. Nous vérifierons s'il existe des variations selon le niveau de revenu familial, selon l'âge des répondantes et selon leur degré de scolarité. Il nous est impossible dans ce cadre d'étudier l'influence des traits de caractère et des attitudes personnelles. Ces variables sont probablement aussi déterminantes, sinon plus, que les variables so-ciologiques pour expliquer l'orientation à la sociabilité ou la diversité des intérêts. En définitive, si les femmes au foyer constituent un groupe social distinct, cela ne suffit pas pour en inférer une homogénéité d'attitudes ou de réactions. Elles ont sans doute des intérêts et des comportements communs, mais nous ne voyons pas pourquoi cela en ferait des individus identiques.

Pour connaître la place qu'occupent les différents rôles sociaux dans la vie des femmes au foyer, nous avons choisi de questionner l'étendue du réseau social et les intérêts personnels des répondantes. Pour ce faire, nous nous arrêterons au type de personnes fréquentées, à certaines sorties de détente effectuées au cours d'un mois et à la participation sociale auprès d'organismes bénévoles. Ensuite nous trai-terons de leur intérêt pour certains sujets et des activités qu'elles projettent pour l'avenir. Nous pourrons ainsi vérifier si l'image de repli sur soi reflète la vie de ces femmes.

1.   LE RÉSEAU SOCIAL

Les femmes au foyer n'ont pas à sortir pour accomplir leur travail: la plupart de leurs tâches s'effectuent entre les quatre murs de la maison. Elles font, bien sûr, des sorties inhérentes à leurs fonctions, toutefois ces rencontres concernent le bien-être de la famille et sont orientées vers des sujets précis. Mentionnons, entre autres, les déplacements concernant les achats pour la maison, pour les membres de la famille ou pour elles-mêmes, les consultations auprès des professionnels de la santé et les rencontres scolaires à propos de l'éducation des enfants. Nous pouvons donc nous demander dans quelle mesure elles sortent pour elles-mêmes, pour leur plaisir, et dans quelle mesure elles voient des gens autres que leur conjoint et leurs enfants.

Les personnes fréquentées

Nous avons voulu connaître quels types et combien de personnes elles ont fréquentées au cours du mois précédant l'enquête. Notre liste de personnes fait référence aux amies personnelles, aux amis du conjoint et à ceux du couple, aux membres de la famille, aux voisins et voisines.
En premier lieu, leur réseau social est-il varié ou restreint?

1 type de personnes	21,6%
2 types de personnes	27,6%
3 types de personnes	23,0%
4 types de personnes	14,4%
5 types de personnes	11,8%
Aucune personne	1,8%
Total (500)	100,0%

Près de la moitié des répondantes ont fréquenté un ou deux types de personnes: ce n'est pas la solitude mais c'est plutôt limité. Environ une répondante sur quatre a un réseau de relations moyen en fréquentant trois types de personnes. Une femme sur quatre possède un réseau social plus varié: de quatre à cinq types de personnes. Une minorité ont vécu un isolement complet au foyer en ne fréquentant au cours du mois aucune des personnes mentionnées.

Voyons maintenant de quel type de personnes il s'agit et à quelle fréquence ont eu lieu ces rencontres.

Nous constatons que plus des trois quarts des répondantes conservent des liens réguliers avec les membres de leur famille, ce qui constitue leur principal noyau de relations. Viennent ensuite les amies personnelles, les amis du couple, suivis de près par les voisins et voisines et, en dernier lieu, les amis du conjoint.

Les rencontres avec les membres de la famille sont très fréquentes: un peu plus de la moitié les ont côtoyés quatre fois ou plus au cours

TABLEAU 1

PERSONNES FRÉQUENTÉES AU COURS DU
MOIS PRÉCÉDANT L'ENQUÊTE

Nombre de fois	Membre de votre famille	Amies personnelles	Amis du couple	Voisins, voisines	Amis du conjoint
Aucune fois	16,4%	41,6%	51,2%	54,2%	74,0%
1 à 3 fois	31,8%	26,8%	29,4%	27,2%	19,0%
4 à 6 fois	29,8%	16,2%	11,8%	8,8%	3,6%
7 fois et plus	22,2%	15,4%	7,2%	9,6%	3,0%
Total	100,0%	100,0%	100,0%	100,0%	100,0%
	(500)	(500)	(500)	(500)	(500)

du mois. Cette fréquentation régulière peut devenir une source d'aide et d'encouragement très précieuse et peut effacer ce sentiment d'isolement. Ces liens dépendent de plusieurs éléments que nous ne pouvons évaluer: la proximité des membres de la famille, la qualité des relations, les besoins de chacune, etc.

Environ quatre répondantes sur dix n'ont pas d'amies personnelles ou ne les voient que rarement (aucune fois en un mois). De deux choses l'une, l'absence d'amies personnelles peut renforcer le besoin de conserver des liens avec la famille, ou bien la fréquentation régulière des membres de la famille atténue le besoin de se faire des amies. La proportion de répondantes fréquentant souvent leurs amies personnelles (quatre fois ou plus) s'élève à près du tiers: c'est dire qu'une proportion non négligeable maintient des relations d'amitié très étroites.

Il est curieux de constater que les rencontres avec les amis du couple et celles avec les voisins ou voisines regroupent sensiblement les mêmes pourcentages: tout près de la moitié des répondantes en voient à des fréquences presque identiques. Cette relation avec les voisins et voisines peut s'expliquer dans certains cas par la présence des enfants ou par le fait que ces femmes occupent les mêmes fonctions. Par ailleurs, en banlieue, il arrive souvent que les familles entretiennent des relations de voisinage intenses.

Quant aux amis du conjoint, la proportion de fréquentation mensuelle est relativement faible: une répondante sur quatre. Nous devons prendre en considération la difficulté de distinguer entre les amis du couple et les amis du conjoint, ces derniers peuvent facilement devenir les amis du couple avec le temps. Par ailleurs certaines répondantes n'ont plus de conjoint (15,5%), ce qui explique un taux de non-fréquentation plus élevé des amis du conjoint.

Pour faciliter l'étude des différents facteurs pouvant influencer les relations entretenues avec les divers types de personnes, nous avons synthétisé les informations dans le tableau suivant:

TABLEAU 2

FRÉQUENTATION DES PERSONNES SELON DIFFÉRENTES VARIABLES*

Réseau social	Scolarité	Revenu	Âge	Cycle de vie
Amies personnelles	X	—	—	—
Amis du conjoint	X	X	X	X
Amis du couple	X	X	X	X
Voisins, voisines	—	—	—	—
Membres de la famille	—	—	—	—

* L'existence d'un lien significatif entre deux variables est indiqué par un X dans la colonne correspondante.

La fréquentation des amies personnelles, des voisins et voisines et celle des membres de la famille est très peu influencée par les différentes caractéristiques des répondantes. Une exception, cependant, le pourcentage de femmes côtoyant des amies personnelles varie selon le degré de scolarité: il augmente au fur et à mesure que la scolarité augmente, allant de 46,8% des moins scolarisées à 65.7% parmi les plus scolarisées. Nous pouvons dire que dans l'ensemble la fréquentation de ces trois types de personnes dépend probablement plus d'un trait de caractère, des besoins et des intérêts de chacune que d'une situation concrète.

Par contre, le fait d'entretenir des relations avec les amis du conjoint et les amis du couple varie en fonction de toutes les caractéristiques étudiées. Ces comportements varient donc selon les situations objectives dans lesquelles les femmes sont placées et dépendent probablement moins des tendances personnelles à la sociabilité. Dans les deux cas, amis du conjoint et amis du couple, les résultats pour le cycle de vie et l'âge coïncident dans le sens suivant: avoir moins de 45 ans ou avoir des enfants de moins de 12 ans sont des faits associés à un plus grand pourcentage de fréquentation de ces personnes. Les répondantes jouissant d'un niveau social plus élevé ont plus tendance à fréquenter ces amis: le pourcentage s'accroît avec le niveau de scolarité et de revenu. Plusieurs de ces amis sont probablement en relation avec la profession du conjoint, conformément aux études qui montrent que les femmes des milieux les plus favorisés contribuent souvent à l'entretien du réseau social de leur conjoint.

Les lieux fréquentés

Le deuxième élément nous permettant de savoir si les femmes au foyer s'offrent des sorties pour elles-mêmes concerne les congés de détente. Toutes les femmes peuvent participer à des soirées ou faire du sport en plus de visiter des amies ou des parents, nous avons voulu connaître d'autres facettes des habitudes. Pour éviter de surcharger la liste, nous n'avons retenu que deux genres de sorties: le cinéma ou le théâtre et le restaurant. Il nous importait de savoir si elles ont effectué ce genre de sortie au cours du mois et combien de fois.

Les réponses se répartissent de la façon suivante:

A fréquenté les deux lieux	19,7%
A fréquenté un lieu	37,7%
Aucun lieu	42,6%
Total (501)	100,0%

Plusieurs raisons peuvent expliquer l'absence de sortie de ce genre pour les femmes au foyer: la trop lourde tâche, les problèmes de gardienne, l'insuffisance du revenu familial, la dépendance financière, les habitudes culturelles et les attitudes personnelles. Il n'entre pas dans notre propos ici de les départager; voyons plutôt quelle sortie est la plus fréquente et rejoint le plus de répondantes:

TABLEAU 3

LES LIEUX FRÉQUENTÉS AU COURS DU
MOIS PRÉCÉDANT L'ENQUÊTE

Nombre de fois	Cinéma-Théâtre %	Restaurant %
Aucune fois	77,4	45,6
1 à 3 fois	21,6	36,0
4 à 6 fois	1,0	13,4
7 fois et plus	0,1	5,2
Total	100,0	100,0
	(501)	(501)

Moins du quart des répondantes sont allées au cinéma ou au théâtre au cours du mois. Ce genre de soirée n'est donc pas inscrit à l'horaire de trois femmes sur quatre. Les sorties au restaurant rejoignent un peu plus de la moitié des répondantes et près de 20% y sont allées quatre fois ou plus au cours du même mois.

En fait, les sorties au restaurant regroupent plus de répondantes et elles y vont plus souvent qu'au cinéma ou au théâtre. Cette situation peut provenir du fait qu'il est facile d'effectuer ce genre de sortie en compagnie des membres de la famille. De plus, c'est l'occasion pour les femmes de s'offrir un congé à propos de l'une de leurs principales tâches. Cela peut également être une question d'habitude culturelle et de goût personnel. Nous avons ici encore synthétisé les liens entre les deux lieux fréquentés et certaines variables sous forme de tableau.

TABLEAU 4

LIEUX FRÉQUENTÉS SELON DIFFÉRENTES VARIABLES*

Lieux	Âge	Cycle de vie	Revenu	Scolarité
Cinéma-théâtre	—	—	X	X
Restaurant	—	—	X	X

* L'existence d'un lien significatif entre deux variables est indiqué par un X dans la colonne correspondante.

L'âge et le cycle de vie des répondantes influencent très peu la fréquentation de ces lieux. Par contre, le niveau de scolarité et celui du revenu semblent être des facteurs importants. Les répondantes des milieux sociaux les plus favorisés ont une plus grande tendance à effectuer ce genre de sorties: nous constatons un pourcentage de fréquentation croissant avec le degré de scolarisation et le montant du revenu familial.

La participation sociale

Nous avons étudié l'engagement personnel des femmes au foyer auprès d'organismes bénévoles. Si les résultats de certaines recherches ont fait apparaître la nature de la participation sociale, son incidence parmi les femmes au foyer du Québec nous était inconnue.

Ainsi, une étude américaine[3] démontre que les hommes sont plus nombreux à adhérer à un organisme social que les femmes. Par ailleurs, elle précise que, tout en étant moins nombreuses, les femmes y consacrent plus de temps mensuellement. Une autre recherche[4] de l'Université de la Caroline du Sud cette fois, nous indique que les femmes font partie de petites associations et que ces groupes sont généralement centrés sur la vie familiale et sur les besoins de la communauté. Les auteurs expliquent que les femmes occupant des rôles traditionnels sont plus portées vers des organismes en relation avec leurs compétences, leur savoir-faire. Elles décident plus facilement de se joindre à un groupe offrant une occupation semblable à la leur. Ces regroupements leur apportent de l'information pouvant les aider dans leurs fonctions et les horaires sont plus faciles à intégrer à leurs rôles.

D'autre part, un sondage effectué en 1980 auprès des membres de l'AFEAS[5] nous fit découvrir que 52,7% des répondantes étaient aussi membres d'un autre mouvement communautaire. Leur bénévolat se retrouvait principalement auprès de groupes centrés sur la paroisse, l'éducation, la culture, la charité et la santé; très peu étaient membres de mouvements politiques ou de défense sociale.

En plus de vérifier l'étendue de la participation sociale des femmes au foyer du Québec, nous avons voulu voir si cette participation est de même nature que celle identifiée dans les études précédentes. Une répondante sur quatre (25,3% ou 127 sur 502) est membre d'une association bénévole et la majorité d'entre elles (52,5%) affirment occuper un poste de responsabilité à l'intérieur de cet organisme. Le taux de participation est identique à celui révélé par un sondage américain d'origine gouvernementale[6] qui le situait à 24% de l'ensemble de la population américaine de 14 ans et plus en 1974.

Si le quart des femmes au foyer seulement s'engagent auprès de groupes bénévoles, il ne faut pas conclure que les trois quarts ne s'intéressent pas à leur environnement social. Plusieurs raisons peuvent freiner le désir d'engagement personnel, entre autres la disponibilité, l'âge, la santé, la facilité de déplacement, etc. Nous verrons plus loin l'influence de certains de ces facteurs.

La proportion de femmes consacrant plus de temps bénévolement en acceptant un poste de responsabilité à l'intérieur des organismes est assez surprenante: une sur deux. Nous ne connaissons pas de données comparables en provenance d'autres études, mais cette proportion nous paraît très élevée. Les répondantes ont-elles interprété de façon particulière le terme de «poste de responsabilité»? Ou faut-il en conclure que, si les femmes au foyer ne semblent pas participer plus que d'autres à des associations volontaires, leur engagement se traduit plus souvent par l'acceptation de responsabilités plus grandes? Leur engagement se retrouve auprès des types d'organismes suivants:

Bien-être, charité (auxiliaire hôpitaux, Croix-Rouge, cancer, popote volante, etc.)	25,3%
Association féminine (Filles d'Isabelle, AFEAS, Fermières, etc.)	21,8%

Comité d'école	8,0%
Groupe culturel (bibliothèque, chorale)	7,5%
Parti politique, comité de citoyens	7,5%
Club sportif, loisirs, scouts, etc.	6,9%
Activité paroissiale	6,9%
Groupe religieux, pastorale	6,3%
Âge d'or, groupe de personnes âgées	6,3%
Coopérative alimentaire, autres	3,4%
Total (174)*	100,0%

* Certaines répondantes sont membres de plus d'un organisme ce qui donne un total de 174 groupes pour 127 répondantes

La grande majorité sont impliquées dans des domaines qui touchent de près leurs fonctions familiales, en continuité avec les rôles qu'elles exercent déjà. Leur participation sociale reflète bien le genre de bénévolat coutumier des femmes tel que décrit par les différentes études mentionnées précédemment. Elles sont presque absentes des lieux de pouvoir politique. Les résultats reflètent le fait bien connu que les femmes se sentent beaucoup plus à l'aise dans les groupes centrés sur le bien-être de la collectivité comme la santé, l'éducation, les loisirs et les activités communautaires que dans des organisations politiques ou économiques où les hommes font les règles du jeu.

Le cycle de vie et le niveau social (revenu et scolarité) apportent peu de variations à la participation sociale, cela nous semble donc plutôt une question d'intérêt personnel que de situations concrètes. Par contre, l'âge des répondantes influence l'engagement. Nous retrouvons un plus grand nombre de femmes engagées parmi celles âgées de 35 à 64 ans que parmi les plus jeunes et les plus âgées, comme le démontre le tableau suivant:

TABLEAU 5

PARTICIPATION À UN ORGANISME BÉNÉVOLE SELON L'ÂGE

Membre	De 20 à 35 ans %	35 à 44 ans %	45 à 54 ans %	55 à 64 ans %	65 ans et plus %
Oui	19,3	31,3	28,8	28,8	21,3
Non	80,7	68,7	71,2	71,2	78,7
Total	100,0	100,0	100,0	100,0	100,0
(498)	(141)	(72)	(72)	(147)	(66)

2. INTÉRÊTS ET PROJETS

À travers toutes leurs occupations, les femmes au foyer ont-elles le temps, le goût ou le besoin de s'intéresser à différents sujets? Nous l'avons souligné au début du chapitre, on décrit souvent les femmes au foyer comme des personnes ne s'intéressant à rien, n'ayant de conversation qu'à propos du ménage et des enfants. Par ailleurs, certains disent qu'elles sont privilégiées: comme elles ne «travaillent pas», elles ont le loisir de se renseigner sur tous les sujets qui les intéressent et elles peuvent choisir les activités qui leur plaisent.

La première image se rapporte à l'isolement des femmes dans leur foyer tandis que la deuxième traduit leur liberté d'horaire. Où se situe la vérité entre ces deux extrêmes?

Les centres d'intérêt

Pour avoir une idée de la diversité de leurs intérêts, nous avons soumis aux répondantes une liste de cinq sujets en leur demandant d'indiquer si elles s'informent, parlent ou participent à des activités à propos de chacun. Cette liste comprend l'éducation des enfants, la culture, les relations de couple, la politique et la situation de la femme.

Nous pouvons nous rendre compte que la majorité des répondantes s'intéressent à au moins deux sujets différents. Nous définissons comme intéressées toutes celles ayant coché au moins deux des trois activités sur le sujet.

Intéressée aux cinq sujets	16,3%
Intéressée à quatre sujets	16,2%
Intéressée à trois sujets	12,7%
Intéressée à deux sujets	8,7%
Intéressée à un sujet	11,2%
Intéressée à aucun sujet	35,0%
Total (489)	100,0%

Par contre, si une femme sur dix se limite à un seul sujet, un peu plus du tiers ne s'intéresse à aucun. Comment expliquer ce manque d'intérêt envers ce qui dépasse la routine quotidienne? Le fait de se retirer du monde extérieur un certain temps peut faire perdre l'intérêt envers l'environnement. S'agit-il d'une tendance profonde de la personnalité ou doit-on accuser une situation qui favorise peu la stimulation intellectuelle? Être au service de sa famille n'est-il pas propice à l'oubli de soi, de ses goûts personnels?

Voyons quels sujets intéressent le plus les femmes au foyer. Notons les définitions suivantes:

Très intéressée   = s'informe, en parle et participe à des activités
Assez intéressée   = deux réponses affirmatives sur trois
Peu intéressée   = une réponse affirmative
Pas intéressée   = aucune réponse affirmative

TABLEAU 6

LES SUJETS D'INTÉRÊT

Degré d'intérêt	Éducation des enfants %	Situation de la femme %	Culture %	Relation de couple %	Politique %
Très intéressée	18,7	10,4	17,6	9,9	5,9
Assez intéressée	25,6	33,8	22,4	25,9	27,7
Peu intéressée	25,3	33,3	33,1	35,5	31,9
Pas du tout intéressée	7,0	9,1	10,6	10,4	21,1
Non-réponse*	23,5	13,4	16,2	18,3	13,3
Total	100,0	100,0	100,0	100,0	100,0
	(526)	(526)	(526)	(526)	(526)

* Comme certaines répondantes n'ont coché que les sujets qui les intéressent et ont omis de répondre «non» aux autres, la plupart des non-réponses doivent être interprétées comme une absence d'intérêt, c'est pour cette raison qu'elles sont incluses dans nos calculs.

L'éducation des enfants et la situation de la femme sont les sujets auxquels les répondantes accordent le plus d'attention: 44% d'entre elles s'engagent dans deux ou trois types d'activités à propos de chacun. L'intérêt pour l'éducation des enfants ne surprend guère: nous avons vu que c'est la principale raison de leur présence au foyer. Le taux particulièrement élevé de non-réponses à ce sujet est dû au fait que celles qui n'ont plus d'enfants à la maison ont préféré ne pas répondre plutôt que d'indiquer une absence d'intérêt. Quant à l'importance attribuée au sujet de la situation de la femme, il est intéressant de constater que les craintes concernant le féminisme qu'on leur attribue souvent ne semblent pas correspondre à la réalité. Même si le thème «condition féminine» ne touche pas nécessairement les femmes au foyer dans leurs fonctions, ces résultats traduisent sans doute une prise de conscience de leur identité féminine. Nous ne pouvons, d'après cette seule question, préciser le sens de cet intérêt; c'est un sujet que nous aborderons au chapitre suivant.

La culture vient en troisième lieu; 40,0% des répondantes s'engagent dans deux ou trois types d'activités culturelles. Ce pourcentage suit d'assez près les précédents: il est d'autant plus important qu'il n'est pas directement rattaché aux fonctions familiales. L'intérêt pour les relations de couple et la politique viennent en dernier lieu, quoique les pourcentages demeurent assez proches des autres sujets: 35,8% s'engagent dans deux ou trois types d'activités concernant les relations de couple et 33,6% dans des activités ayant trait à la politique. Si nous considérons uniquement l'absence complète d'intérêt, un seul sujet ressort, la politique: 21,1% n'en parlent pas, ne s'en informent pas et ne participent à aucune activité. La proportion est d'autant plus importante qu'elle représente le double des autres sujets.

Quels facteurs font varier le degré d'intérêt des femmes au foyer? Nous nous sommes penchées sur la diversité de l'intérêt plutôt que sur chaque sujet en particulier, pour ne pas alourdir le texte. Comme on pouvait s'y attendre, plusieurs variables entrent en jeu. Nous avons tenu compte de la scolarité, du revenu familial, de l'âge et du cycle de vie.

La diversité de l'intérêt croît de façon très nette avec la scolarité et le niveau de revenu familial: plus ce revenu est élevé, plus l'intérêt est diversifié. Cependant, la progression n'est pas continue, car les personnes disposant d'un revenu inférieur à 10 000 $ se rapprochent de celles disposant d'un revenu situé entre 10 000 $ et 19 999 $, et les personnes disposant de revenus situés entre 20 000 $ et 29 999 $, et supérieurs à 30 000 $, présentent un intérêt assez semblable.

La diversité de l'intérêt diminue en fonction de l'âge: plus l'âge augmente moins les intérêts sont diversifiés. Il s'agit ici d'une tendance et non d'une relation parfaite: dans certains cas, les pourcentages sont assez semblables pour des catégories d'âge connexes.

La diversité de l'intérêt varie selon le cycle de vie, mais de façon peu nette. Les personnes ayant des enfants d'âge préscolaire à la maison tendent à s'intéresser au plus grand nombre de sujets, alors que celles qui n'en ont pas auprès d'elles tendent à en être le plus détachées. Il n'y a toutefois pas de progression logique d'un cycle de vie à l'autre: la différence constatée est probablement attribuable en grande partie à l'âge de la répondante.

Bref, aucune des idées reçues ne se trouve vraiment confirmée. Si une proportion non négligeable (35%) ne s'intéresse à aucun des sujets mentionnés par l'étude, la majorité des répondantes s'intéressent à plus d'un sujet. Chacun des thèmes mentionnés donne lieu à deux ou trois types d'activités chez 35 à 44% des femmes. *Ainsi, on trouve à la fois des femmes au foyer très peu intéressées à ce qui se passe autour d'elles et des femmes présentant des intérêts très diversifiés.* Enfin, la croyance selon laquelle la présence de jeunes enfants constitue un obstacle à la diversité d'intérêts n'est pas confirmée par nos résultats.

Les projets d'avenir

Comme le rôle d'éducatrice ne dure qu'un temps limité dans la vie des femmes, on peut se demander ce qu'elles projettent pour l'avenir. Même si la majorité des répondantes n'ont jamais travaillé à l'extérieur depuis leur décision de demeurer au foyer, rien ne nous permet d'affirmer qu'il en sera ainsi toute leur vie. Plusieurs femmes abandonnent leur emploi pour exercer le rôle de femme au foyer un certain temps et retournent ensuite sur le marché du travail. Mais ce n'est pas le cas pour toutes et le travail à l'extérieur n'est pas la seule avenue possible.

Nous avons voulu déceler la nature des projets futurs des répondantes en dressant une liste de cinq activités: faire du bénévolat, s'engager dans la politique, travailler à plein temps, travailler à temps partiel et retourner aux études. De plus, la répondante avait la possibilité d'inscrire tout autre projet personnel dans un espace réservé à cette fin.

Nous remarquons que 80% des répondantes projettent au moins une activité pour l'avenir:

Projette une activité	47,8%
Projette deux activités	24,8%
Projette trois ou quatre activités	8,4%
Aucune activité	19,0%
Total (481)	100,0%

Parmi les répondantes ne projetant aucune des activités mentionnées, nous avons recueilli quelques commentaires ou projets différents. Certaines mentionnent des problèmes de santé et d'âge (5), d'autres (5) désirent du temps à elle, du temps pour se reposer. Quelques-unes souhaitent s'engager dans des activités culturelles ou de loisirs (6), dans du travail à domicile ou au sein de l'entreprise familiale (5), ou suivre quelques cours (2).

Le tableau suivant nous indique dans quel domaine les répondantes aimeraient s'engager dans le futur.

TABLEAU 7

LES PROJETS D'AVENIR

Activité projetée	Bénévolat %	Travail à temps partiel %	Retour aux études %	Travail à temps plein %	Politique %
Oui	31,5	46,4	24,7	13,8	5,5
J'en fais déjà	22,8	0,0	3,0	0,0	2,6
Non	28,0	31,7	44,7	58,2	65,3
Non-réponse*	17,6	21,9	27,6	27,9	26,6
Total	100,0	100,0	100,0	100,0	100,0
	(526)	(526)	(526)	(526)	(526)

* Plusieurs répondantes n'ont coché que les activités qu'elles projettent de faire: la plupart des non-réponses sont en réalité des «non».

Notons qu'il est possible de cumuler deux ou plusieurs activités: un choix n'exclut pas l'autre, étant donné la formulation de la question. Plus de la moitié des répondantes choisissent le bénévolat comme activité présente ou future. C'est dire que la majorité des femmes au foyer désirent consacrer certaines heures de loisir au service de la collectivité. D'autre part, le travail à temps partiel rejoint les besoins de près de la moitié des répondantes alors que celles souhaitant travailler à temps plein ne constituent que 13,8% de l'ensemble.

Une femme sur quatre désire retourner aux études et très peu (moins de 10%) sont tentées par la politique. Soulignons que le thème de la politique regroupe environ le même pourcentage d'intérêt tout au long du chapitre: 7,5% sont membres d'un organisme politique, 5,9% s'intéressent à ce domaine et 8,1% s'y engageraient.

Dans l'ensemble, les répondantes se dirigent vers des activités n'entrant pas en conflit avec leur rôle au foyer. Elles souhaitent des occupations plus faciles à intégrer à leurs tâches à la maison, comme le travail à temps partiel, le bénévolat ou les études plutôt que le travail à temps plein.

Est-ce une question de choix personnel ou de contraintes sociales? Si elles s'engagent dans une activité à temps plein, quelles sont leurs chances de voir quelqu'un prendre la relève au foyer? Tant et aussi longtemps que les tâches à la maison demeurent l'affaire des femmes, nous sommes loin du véritable choix. Il est plus réaliste de dire que leur choix réside entre le fait d'accepter le double emploi à plein temps ou celui de répartir leurs énergies entre deux fonctions à temps partiel, l'une au foyer l'autre à l'extérieur.

Voyons si la scolarité, le revenu familial, l'âge et le cycle de vie des répondantes influencent la diversité des projets d'avenir. En fait, tous ces facteurs entrent en jeu.

Le pourcentage de femmes projetant plusieurs activités est plus élevé parmi les plus scolarisées (13 années et plus) que parmi les autres catégories de scolarité. De même, celles bénéficiant d'un revenu familial élevé (30 000 $ et plus) projettent plus d'activités que celles disposant de revenus plus faibles. En réalité, les répondantes les plus favorisées ont tendance à faire de nombreux projets pour le futur.

L'éventail de choix se réduit probablement au fur et à mesure que se réduisent les ressources financières et le bagage scolaire.

De même, l'âge et le cycle de vie font sentir leur influence. Le fait d'être âgée de moins de 55 ans et d'avoir des enfants à la maison favorisent la tendance à projeter des activités diverses. Nous retrouvons une variation reflétant bien la réalité. Premièrement, c'est lorsque les femmes sont jeunes qu'elles font le plus de projets. Deuxièmement, les femmes âgées de plus de 55 ans et celles dont les enfants sont élevés arrivent à une période de leur vie où les possibilités d'avenir sont restreintes: le retour aux études ou la chance de se trouver un emploi peuvent sembler irréalistes pour plusieurs. Il leur reste donc peu d'alternatives pour combler le vide laissé par le départ des enfants ou par des obligations familiales diminuées. Enfin, nous constatons que les répondantes n'ayant aucun projet d'avenir se situent plus particulièrement parmi les femmes âgées de 55 ans et plus, parmi celles n'ayant plus d'enfants à la maison, parmi les moins scolarisées et parmi les faibles revenus, ce qui va dans le sens des remarques précédentes.

Les études souhaitées

Nous savons pertinemment que certaines femmes au foyer aimeraient suivre des cours sans qualifier ce besoin de retour aux études. C'est dans cet esprit que nous avons voulu explorer leurs besoins d'études.

En fait, la majorité (56,6%) des 506 répondantes souhaiteraient étudier si elles en avaient la possibilité. Leurs besoins vont d'un simple cours dans le cadre de l'éducation des adultes à l'inscription à un certificat ou à une discipline universitaire, comme le démontre la liste suivante:

Sciences sociales et humaines	14,8%
Études professionnelles	14,1%
Activités culturelles	13,8%
Langues	13,8%
Études générales	8,3%
Comptabilité-administration-commerce	10,1%
Arts-musique-peinture	7,0%
Sciences infirmières-santé	7,7%
Divers* (Moins de 8 dans chaque groupe)	11,1%
Total (298)	100,0%

* «Divers» comprend: éducation, mathématique, informatique, histoire, géographie, droit, théologie, sciences ocultes.

Soulignons que la grande majorité des répondantes se dirigent vers des domaines traditionnellement féminins. En fait, dans la catégorie professionnelle la plupart s'orientent vers le secrétariat et la coiffure.

La plupart de celles qui ont exprimé des besoins poursuivraient des études dans un but précis:

Accéder à un travail	41,7%
Épanouissement personnel	32,1%
Communiquer, voyager	7,6%
Aide, compréhension des autres	6,6%
Bien-être de ma famille	3,4%
Engagement social	3,4%
Loisir	3,1%
Perfectionnement	2,1%
Total (290)	100,0%

Nous constatons un lien entre les études souhaitées, les projets d'avenir et la situation actuelle des répondantes. Plusieurs femmes ont besoin de poursuivre leurs études ou de se recycler avant de retourner sur le marché du travail. D'autres expriment des besoins liés à leur désir d'engagement social ou à leur rôle au foyer.

Près de la moitié des répondantes souhaitant étudier font face à des difficultés pratiques pour réaliser leur désir. La plupart de ces problèmes pourraient être réglés par une politique adéquate d'éducation des adultes:

Adapter les horaires	24,1%
Enseignement à distance (télé, correspondance)	8,0%

Programme ou cours pour adultes	
(contenu, pédagogie)	25,6%
Problèmes d'accessibilité géographique	13,9%
Assouplir les conditions d'admission	6,6%
Problèmes pratiques à résoudre	
(garderie, argent)	14,6%
Orientation pour les femmes au foyer	7,3%
Total (137)	100,0%

Dans l'ensemble, les répondantes demandent de tenir compte de leur situation de femmes au foyer afin qu'elles puissent intégrer les études à leurs tâches prioritaires. Parmi celles qui expriment leurs besoins, une femme sur quatre demande de concevoir des cours et des programmes pour adultes en adaptant le contenu et la pédagogie. À peu près le même nombre demandent d'adapter les horaires dans le sens suivant: cours à temps partiel (matin, après-midi, soirée), minis-programmes, cours intensifs ou cours de fin de semaine. D'autres femmes mentionnent des problèmes pratiques à résoudre: elles parlent de double tâche, de besoin de garderies et de problèmes financiers concernant le transport, les frais de garde et la rémunération durant les études. Celles qui mentionnent la nécessité d'assouplir les conditions d'admission font référence à la reconnaissance des expériences et des acquis des femmes au foyer. Elles souhaitent une mise à jour de leurs connaissances et l'accès à la formation professionnelle. En un mot, presque tous les besoins exprimés nous font prendre conscience que les femmes au foyer ont plusieurs barrières à franchir entre le désir de poursuivre des études et le moment de s'inscrire.

CONCLUSION

Comme nous l'avons mentionné précédemment, même si les femmes au foyer ont des points en commun, elles ne vivent pas des situations identiques. Les données de l'enquête nous fournissent un tableau nuancé de leur participation sociale.

Une minorité (1,8%) vivent complètement isolées en ne fréquentant aucune des personnes mentionnées au questionnaire et près de la moitié (49,2%) ne côtoyent qu'un ou deux types de personnes sur cinq. Soulignons que pour certaines femmes ces relations se restreignent aux membres de leur famille, car nous avons vu que la famille est le principal noyau de relations des répondantes. Comme le travail au foyer n'offre pas l'occasion de fréquenter des gens régulièrement en dehors du mari et des enfants, ces femmes vivent presque isolées. Elles ont peu de gens à qui se confier et peu de communications en dehors du foyer. Leur solitude peut devenir lourde surtout si elles se retrouvent parmi les femmes n'ayant fréquenté ni restaurant, ni cinéma ou théâtre (42,6%) au cours du mois ou parmi celles qui ne sont pas membres d'un organisme à titre de bénévole (75%). Leur situation peut être difficile à supporter lorsque le ménage va mal ou lorsque les enfants ne sont pas source de satisfaction.

Par ailleurs, un pourcentage identique (49,2%) de répondantes possèdent un réseau social moyen ou varié en fréquentant de trois à cinq types de personnes différentes. Ces femmes entretiennent des relations plutôt diversifiées avec des gens à l'extérieur du foyer. D'autre part la majorité des répondantes s'offrent des sorties de détente: pour certaines ces sorties sont rares, pour d'autres elles sont fréquentes.

En ce qui concerne la participation sociale, nous notons qu'une femme sur quatre (25,3%) s'engage auprès d'organismes sociaux. Celles qui s'impliquent bénévolement le font d'une façon très soutenue: une bénévole sur deux occupe un poste de responsabilité.

Quant aux sujets d'intérêt et aux projets d'avenir, nous obtenons là aussi des situations diverses. Une femme sur trois ne s'intéresse à aucun des sujets mentionnés et une sur dix se limite à un seul sujet. C'est donc une proportion non négligeable de répondantes qui semblent être concentrées sur leurs rôles et fonctions au foyer. Les autres (53,9%) présentent une diversité d'intérêts allant de deux à cinq sujets.

Une femme sur cinq ne fait pas de projets d'avenir. Elles n'en font pas pour le moment ou bien elles ne s'intéressent pas, pour quelque raison que ce soit, à d'autres fonctions que celles qu'elles remplissent à la maison. D'autre part, quatre femmes sur cinq projettent des activités pour le futur.

La variation des différents rôles sociaux des femmes au foyer selon l'âge et le cycle de vie est difficile à départager. Logiquement, on vieillit au fur et à mesure que l'on change d'étape de vie, l'un ne va pas sans l'autre. Les jeunes femmes qui ont de jeunes enfants sont moins impliquées socialement et effectuent moins de sorties mais ont une diversité d'intérêts et des projets d'avenir. Les femmes âgées sans enfant à la maison ont un réseau social limité, moins de centres d'intérêt et formulent peu de projets d'avenir. Cela est probablement dû à un phénomène social auxquels les gens âgés font face. Les femmes qui ont agrandi leur cycle d'activité plus tôt sont moins sujettes à subir cet ennui, les autres vivent des problèmes de solitude et d'exclusion sociale.

D'autre part, le degré de scolarité ainsi que le montant du revenu familial font varier l'étendue du réseau social, la diversité des intérêts et le nombre de projets futurs. Les femmes des milieux favorisés ont plus tendance à remplir les différents rôles qu'elles peuvent exercer. Celles qui vivent dans des milieux pauvres ou modestes se retrouvent très souvent dans des conditions peu propices à l'extension de leur réseau social et à la diversification de leurs intérêts.

Pouvons-nous espérer que les jeunes générations subissent moins intensément ces problèmes de classe sociale et de troisième âge? Si les gouvernements et tous les intervenants sociaux tiennent compte des besoins des répondantes exprimés par le biais des projets et des études souhaitées la situation serait meilleure. Il faudra se pencher sur la reconnaissance des expériences et des acquis et sur la mise à jour des connaissances pour faciliter le retour aux études ou sur le marché du travail. Il faut aussi régler les problèmes pratiques tels que les horaires, les garderies, et organiser le marché du travail en fonction des besoins des femmes. De plus, étant donné l'intérêt des répondantes pour le bénévolat, il faudra reconnaître cette forme de contribution sociale par le biais de diverses mesures. En outre, nous saisissons l'importance d'un réseau social pour les femmes au foyer. Il faut soutenir certaines formes de regroupement ou de rencontre afin de permettre aux femmes d'échanger et de discuter de leur situation.

Chapitre 5

LE TRAVAIL AU FOYER

Les tâches accomplies au foyer par les femmes ne sont habituellement pas considérées par elles-mêmes ou par la société comme un travail au même titre qu'un emploi rémunéré. On dit qu'il s'agit d'un service privé rendu par amour et que seuls le conjoint et les enfants en bénéficient. Ces activités se situeraient donc en dehors du circuit économique où les biens et les services sont échangés contre de l'argent.

Derrière cette vision se profile l'idée que la famille est le dernier refuge des valeurs humaines et que les relations familiales sont les seules à être exemptes de la logique de la valeur marchande. Mais nous avons déjà vu que la famille n'est pas uniquement un lieu d'échanges affectifs. Elle est aussi un lieu où un travail s'accomplit et où des biens sont possédés. Or, la répartition de ces biens et de ce travail est inégale entre les sexes et cette situation prévaut tant dans la famille que dans la société. Il est illusoire de vouloir séparer la famille de son environnement social.

La question du travail au foyer dépasse donc largement le cadre des ententes privées dans la famille et la perception que les gens peuvent en avoir. Il ne s'agit pas ici d'un débat théorique qui ne concerne que les spécialistes des sciences humaines. Nous croyons primordial de le soulever pour montrer comment la vision dominante du travail au foyer a des conséquences importantes pour les femmes et comment elle déplace des enjeux sociaux en les faisant porter uniquement sur le terrain des relations entre les individus.

Examinons d'abord les conséquences pratiques de la vision du travail au foyer comme un échange de services sur la base de relations affectives. Comme les femmes le font par amour, elles n'ont pas à être rémunérées directement; en contrepartie, le mari pourvoit à leurs besoins. Ne donnant pas lieu à un échange monétaire, ce travail n'est pas comptabilisé dans le produit national brut et devient de ce fait économiquement invisible. L'invisibilité économique se double d'une invisibilité politique. L'État ne reconnaît pas sa juridiction sur ce travail accompli dans les familles et sur ces travailleuses qui ne font pas partie de la population active. Socialement, les femmes paient un lourd tribut: celles qui sont au foyer à plein temps en retirent un statut de personnes dépendantes quand ce n'est pas de parasites, celles qui occupent un emploi rémunéré héritent d'une seconde tâche invisible et obligatoire. Bref, une somme énorme de travail est purement et simplement passée sous silence.

De nombreux économistes et sociologues s'élèvent maintenant contre l'idée qu'il s'agit d'un service privé ne pouvant être mesuré; ils considèrent que ce travail contribue de façon importante au circuit économique. D'autres font un pas de plus en reconnaissant les tâches accomplies au foyer comme un véritable travail au même titre que celui qui est rémunéré. Cela peut aller jusqu'à la remise en question des catégories économiques. Que vaut en effet une définition du travail qui oublie une part importante du labeur accompli dans une société? Que vaut une définition de l'économie qui ne tient compte que de la production et de l'échange de biens et services qui passent par l'intermédiaire de la monnaie? Cela débouche enfin sur la remise en question du rôle de l'État à l'égard de ce travail. Pourquoi l'État ne le reconnaît-il pas et oublie-t-il de se considérer comme le défenseur des droits d'une partie importante de ses citoyens?

Nous verrons, dans un premier temps, certains éléments de la documentation sur le rôle du travail au foyer dans l'économie: cela nous a paru nécessaire à la compréhension de la situation des femmes au foyer et de la place de l'État dans ce dossier. Par la suite, nous analyserons les composantes des tâches accomplies au foyer à l'aide des données de notre enquête. Nous nous arrêterons également à la perception des répondantes, aux satisfactions et insatisfactions qu'elles retirent de ces tâches. Enfin, nous aborderons la question de la position de l'État à l'égard du travail au foyer: quel rôle joue-t-il, quelle est l'opinion des répondantes sur la façon dont ce rôle est accompli actuellement et sur ce qu'il devrait être? *En somme, nous parlons dans ce chapitre d'une catégorie de travailleuses et non d'une catégorie de membres de familles.*

1. La place du travail au foyer dans l'économie

Voyons d'abord en quoi consistent les services rendus au foyer. Nous nous demanderons ensuite à qui ils profitent. Les premières activités qui viennent à l'esprit sont facilement repérables et quantifiables: préparation des repas, nettoyage de la maison, entretien des vêtements, surveillance des enfants, courses, etc. Ce sont les tâches les plus visibles et celles que les femmes mentionnent le plus spontanément. Si on entreprend d'en dresser la liste complète, on s'aperçoit qu'on ne peut en venir à bout: les tâches sont quasi inépuisables et leur importance varie selon les situations concrètes. Cette façon de procéder par liste d'activités présente le danger de privilégier le quantitatif au détriment du qualitatif. Prenons l'exemple d'une femme qui accomplit en une journée huit heures de travail ménager tout en gardant l'œil sur son enfant de quatre ans et en intervenant à l'occasion pour lui parler, le consoler, lui donner un jouet, le faire manger, etc. En termes quantitatifs, les tâches ménagères paraissent les plus importantes. Mais regarder ce travail de cette façon, c'est oublier que d'être disponible en tout temps constitue une caractéristique essentielle de la fonction maternelle dans nos sociétés. En procédant ainsi, on risque de passer sous silence la principale raison du retrait du marché du travail: la présence auprès des enfants.

L'observation scientifique doit aller au-delà de la perception immédiate et voir les liens qui unissent ces tâches et les fonctions qu'elles remplissent au-delà de leur utilité pour les membres de la famille. Pour en arriver là, il faut laisser de côté la liste des tâches pour s'arrêter à la liste des fonctions remplies par rapport à la société. De manière générale, on peut considérer que le travail au foyer assure les fonctions sociales suivantes:

- La reproduction de l'espèce humaine, c'est-à-dire la mise au monde des enfants;
- La disponibilité envers les enfants en termes de temps consacré et de présence physique;
- L'éducation des enfants;
- L'entretien physique de la famille tant par la préparation des repas, la surveillance de l'alimentation, l'inculcation d'habitudes de vie conformes à la santé, les soins prodigués, etc.;
- La stimulation des échanges affectifs dans la famille;
- L'entretien physique des biens de la famille par le travail ménager (logement, meubles, vêtements, etc.);

- La prise en charge de la fonction de consommation de la famille;
- L'entretien d'un style de vie conforme au milieu social de la famille qui maintient ses membres dans ce milieu ou contribue à leur mobilité sociale: bonnes manières inculquées aux enfants, surveillance de leurs études, entretien du réseau social de la famille, etc.;
- La responsabilité du contact avec certaines institutions sociales comme l'école, l'Église, les services médicaux ou sociaux;
- La production d'objets consommés par la famille: confection de vêtements, de conserves ou confitures, d'objets décoratifs, etc.

Comme nous l'avons vu, à peu près tout le monde reconnaît que les femmes sont les principales responsables de ces tâches dans les familles. Il ne s'agit pas de dire qu'elles sont les seules à les accomplir: les hommes participent à l'exécution de certaines de ces fonctions, mais en général de façon moindre et sans en assumer la responsabilité principale, et certaines institutions comme l'école contribuent aux soins ou à l'éducation des enfants. De même, il faut souligner que ces fonctions sont remplies tant par les femmes qui demeurent exclusivement au foyer que par celles qui exercent une activité rémunérée. *D'ailleurs la responsabilité des fonctions familiales détermine le mode et la nature de la participation des femmes au marché du travail.*

L'approche du travail au foyer par le biais de ses fonctions sociales permet de voir les failles de l'analyse économique classique qui le réduit à un ensemble de services privés rendus par les femmes à leurs proches et situés en dehors du circuit économique. Voyons les bases de son argumentation[1] et en quoi elle paraît erronée à d'autres écoles de pensée:

- Le circuit économique est constitué par l'ensemble des activités de production et de consommation qui donnent lieu à des échanges monétaires sur le marché; par conséquent, ces activités sont considérées comme les seuls indicateurs du bien-être d'une population;
- Les activités de production et de consommation qui se déroulent sur le marché n'entretiennent aucun lien avec les activités de production ou de consommation qui se déroulent dans les familles;
- On ne peut évaluer la quantité de biens et services produits et consommés en dehors des circuits marchands.

L'inexactitude du raisonnement des économistes classiques a été démontrée depuis une vingtaine d'années. Tout d'abord, il est apparu que restreindre l'activité économique à la production et à la consommation marchande répond en premier lieu à des raisons de commodité; il est en effet plus facile de calculer le PNB (produit national brut) en ne tenant compte que des activités dont on connaît l'équivalent monétaire et qui ont fait l'objet d'échanges sur le marché. S'il est effectivement plus commode de procéder ainsi, d'autres méthodes de calcul sont pourtant possibles. Plusieurs auteurs ont réussi à chiffrer l'équivalent monétaire du travail accompli par les femmes dans les familles. Une étude canadienne résume les principales tentatives qui ont été faites dans ce sens et cite en particulier le travail de O. Hawrylyshyn qui a discuté des avantages et des inconvénients de différentes méthodes de calcul. Il en a recensé trois:

> La première méthode est basée sur *le salaire potentiel de la personne* qui accomplit le travail ménager. Cette méthode suppose que la valeur du travail ménager est égale au salaire que la personne qui accomplit ce travail pourrait gagner si elle était sur le marché du travail.
> Le deuxième méthode utilise *le coût de l'emploi d'un seul domestique* pour l'exécution de tout le travail ménager.
> La troisième méthode est basée sur *le coût de remplacement de chaque fonction séparée* du travail au foyer. Le temps utilisé par les membres de la famille pour accomplir chacune de ces fonctions, telles que la préparation des repas, le blanchissage, le soin des enfants, les achats, et ainsi de suite, est évalué selon le salaire payé sur le marché du travail pour chacune de ces fonctions[2].

En établissant la valeur moyenne de chaque méthode, Hawrylyshyn arrive à calculer la valeur économique du travail au foyer en termes de pourcentage du PNB:

- Méthode du salaire potentiel de la ménagère: une moyenne de 44% du produit national brut;
- Méthode du coût de l'emploi d'un domestique: une moyenne de 35% du produit national brut;
- Méthode du coût de l'emploi d'une personne par fonction: une moyenne de 29,5% du produit national brut.

Mais il ne suffit pas de chiffrer les services rendus, il faut comprendre leur portée économique et sociale. Si nous nous reportons à la liste des fonctions sociales remplies par le travail au foyer, il est aisé de voir les liens qu'elles entretiennent avec l'économie marchande et en quoi ces fonctions contribuent de façon primordiale au bien-être de la population.

La contribution économique la plus fréquemment évoquée à propos du travail au foyer concerne la *stimulation de la consommation*. Cette contribution présente trois aspects, d'après les études consultées:

- Le travail ménager comprend en lui-même une fonction d'achat de divers produits de consommation courante (nourriture, vêtements, produits de nettoyage, appareils ménagers);
- Le fait qu'une personne consacre beaucoup de temps à l'administration et à l'entretien des biens de la famille permet un niveau élevé de consommation de ces biens; cela permet en particulier la multiplication des maisons unifamiliales, le développement de l'industrie du meuble, de la décoration, etc.;
- La non-rémunération du travail au foyer permet aux familles de consacrer une partie de leur budget à certains types de dépenses (automobiles, restaurants, voyages, etc.) qui ne seraient pas possibles s'il fallait rémunérer quelqu'un pour effectuer le travail au foyer.

Comme le souligne J. K. Galbraith[3], le modèle de croissance indéfinie sur lequel repose toute l'économie des sociétés industrielles avancées requiert les services gratuits de l'économie domestique qui stimule la consommation.

Mais il ne s'agit là que d'une partie des fonctions du travail au foyer, celle qui touche de plus près les tâches ménagères. Nous avons déjà souligné l'importance particulière de toutes les tâches reliées aux enfants et aux échanges affectifs dans la famille, celles-là mêmes qui sont les plus difficilement quantifiables et que les savants calculs des économistes risquent de passer sous silence. Pour trouver un cadre d'analyse qui rende compte de ces dernières fonctions, il faut se tourner vers la pensée marxiste, en particulier vers le concept de reproduction de la force de travail.

Karl Marx ne s'est pas penché sur le travail au foyer comme tel, mais il est clair, étant donné ses théories économiques, qu'il aurait considéré ce travail comme une contribution à l'économie capitaliste. N'étant pas accompli pour un capitaliste, n'étant pas échangé sur le marché et ne contribuant pas à la production de marchandises, il ne peut constituer une source de profit pour la classe possédante. Notons d'ailleurs que le travail au foyer n'est pas le seul à être «non-productif» dans ce sens: certains travaux rémunérés, comme les services personnels, entrent aussi dans cette catégorie, parce qu'ils n'ajoutent pas de valeur à des marchandises et qu'à ce titre ils ne fournissent pas de plus-value.

Engels, principal collaborateur de Marx, a laissé une porte ouverte au travail des femmes en dehors du circuit marchand en considérant la reproduction des êtres humains comme une contribution à ce circuit. Pour lui, en effet, un mode de production comprend à la fois la production matérielle des moyens d'existence et la production des êtres humains.

Si beaucoup d'auteurs marxistes s'en tiennent encore aujourd'hui à la définition stricte du travail productif de Marx, certains ont retenu l'apport d'Engels en le complétant. Pour ces derniers, la reproduction de l'espèce humaine ne se limite pas à la production physique d'enfants, elle comprend aussi l'entretien de la main-d'œuvre. C'est ici que la notion de reproduction de la force de travail rejoint la plupart des fonctions du travail au foyer déjà énumérées. *En éduquant les enfants et en leur prodiguant des soins, les femmes contribuent à la formation de la main-d'œuvre future:* elles rendent les enfants aptes à occuper des postes sur le marché du travail, en conjonction avec certaines institutions comme l'école. De plus, le travail accompli au foyer entretient physiquement et psychologiquement la main-d'œuvre actuelle. Préparation des repas, magasinage, nettoyage de la maison, entretien des vêtements, etc., sont *autant de tâches qui contribuent au bien-être physique du travailleur et le libèrent pour accomplir sa journée de travail.* Quant au soutien émotionnel prodigué par son milieu familial, il est évident que l'équilibre plus ou moins grand qu'il y puise contribue à sa capacité de travail.

Ainsi les femmes produisent le capital humain et l'entretiennent par le travail fourni à la maison. Ce faisant, elles ne rendent pas uniquement service aux membres de leur famille, car leur labeur profite à la classe possédante et aux hommes en général. Cette dernière notion a été développée par des féministes soucieuses de compléter la pensée marxiste traditionnelle qui ne tient pas compte de la division du travail selon les sexes. Selon elles, les hommes bénéficient doublement du travail au foyer: «Ainsi, les hommes comme groupe sont déchargés de la plus grande part du travail non rémunéré (...) À cause de cette position matérielle avantageuse, les hommes qui ne font pas partie de la classe dominante sont rendus disponibles pour les postes les plus stables, les mieux payés et les mieux protégés sur le marché du travail[4]».

Quant aux femmes, elles accomplissent gratuitement les tâches au foyer et lorsqu'elles sont en plus sur le marché du travail, elles sont généralement confinées aux emplois les moins payés et les moins intéressants. C'est dire que, socialement, le travail des femmes est peu valorisé et peu rémunéré, qu'il soit accompli à la maison ou ailleurs.

Enfin, une dernière notion, celle d'armée de réserve, a été développée au XIXe siècle par Marx lorsqu'il a observé que les femmes forment pour les capitalistes une réserve de main-d'œuvre à bon marché et aisément disponible. Encore aujourd'hui, elles peuvent être, plus facilement que les hommes, embauchées et congédiées selon les besoins de l'économie, étant donné leurs secteurs d'emploi et leur taux de syndicalisation moins élevé (caractéristiques partagées par d'autres types de travailleurs, tels ceux appartenant à des minorités ethniques, les immigrants, les jeunes, etc.). Souvenons-nous du rôle économique des femmes lors de la Deuxième Guerre mondiale. Quand on a eu besoin d'elles, on leur a offert du travail à des conditions décentes, mais quand les hommes sont revenus, on les a renvoyées au foyer. Si la période d'expansion d'après-guerre a permis à un certain nombre de femmes d'accéder au marché du travail, les coupures budgétaires actuelles causées par la récession ou par l'automation touchent particulièrement les postes occupés par elles. *Et les femmes présentent pour l'État l'avantage de pouvoir être recensées comme «ménagères» et non comme «chômeuses» quand elles n'ont pas d'emploi.* La notion d'armée de réserve garde donc sa pertinence pour décrire la situation actuelle et montre comment le maintien ou le renvoi des femmes au foyer peut servir les intérêts de ceux qui détiennent les leviers de l'économie.

2. LE TRAVAIL ACCOMPLI PAR LES QUÉBÉCOISES AU FOYER

Si le travail au foyer n'est pas comptabilisé par les économistes ou si les femmes qui l'accomplissent affirment souvent qu'elles ne travaillent pas, de nombreuses études ont montré que les femmes y passent une bonne partie de leur temps. Citons quelques chiffres[5] en tenant compte du fait que la charge de travail au foyer varie selon le statut d'emploi, l'âge et le nombre des enfants. Ainsi, une étude canadienne menée par Alder et Hawrylyshyn en 1972 montre que dans une famille biparentale, la femme au foyer sans enfant accomplit en moyenne 35 heures de travail ménager par semaine et la femme en emploi, 19 heures. Lorsqu'il y a à la maison un jeune enfant de six ans ou moins, la charge de travail est de 52 heures pour la femme au foyer, alors que la femme en emploi ajoute 32 heures par semaine de tâches ménagères à son horaire de travail salarié. Une étude américaine menée en 1967-1968 par K. Walker et M. Woods montre que la femme au foyer consacre entre 5,7 et 9,4 heures par jour aux travaux domestiques selon le nombre de ses enfants, alors que la femme en emploi accomplit entre 3,7 et 5,3 heures de travaux domestiques journaliers.

Nous avons vu que, pour les femmes, la vie de couple se traduit par la prise en charge de la plus grande part des tâches familiales. Pour les hommes, elle signifie souvent un accroissement de loisirs ou de temps consacré aux activités rémunérées. La charge de travail des femmes au foyer avec enfants dépasse déjà le nombre d'heures d'une semaine normale de travail rémunérée, celle des femmes en emploi laisse peu de place aux loisirs: il est évident qu'elles doivent accomplir leurs tâches familiales le soir et les fins de semaine.

La répartition du temps dans une journée

Nous avons cherché à mesurer le temps passé aux activités familiales par les Québécoises au foyer, de même que la durée de leurs loisirs ou de leurs activités personnelles. Pour cela, nous avons établi une liste de vingt activités en leur demandant d'indiquer le nombre de minutes consacrées à chacune le jour précédant la réponse au questionnaire. La liste comprend autant le sommeil que les activités ménagères, les soins aux enfants, les activités de loisirs, etc.[6] Nous avons ajouté une catégorie «autres» pour vérifier si tout avait été prévu: 15,7% se sont prévalues de cette possibilité.

Nous avons précisé que le total des activités de la journée devait atteindre 24 heures. Si la majorité sont arrivées au total de 24 heures, certaines en ont indiqué moins. Ne sachant à quelle activité précise imputer ces «non-réponses», nous avons conservé telles quelles toutes les réponses sans chercher à corriger les «blancs»: nous avons donc un total de 526 répondantes pour toutes les activités, la catégorie «0 minute» pouvant comprendre à la fois des femmes n'ayant pas exercé cette activité dans la journée précédente et des femmes ayant omis de répondre à cette activité.

La méthodologie utilisée se rapproche de celle la plus couramment employée dans les enquêtes de budget-temps. Dans ces enquêtes, on demande aux gens de consigner heure par heure toutes les activités d'une journée (habituellement celle précédant la réponse au questionnaire) en indiquant le nombre de minutes consacrées à chacune[7]. Étant donné les limites budgétaires de notre recherche et considérant que l'emploi du temps n'était pas au centre de nos interrogations, nous avons opté pour une grille d'activités préétablies. Pour composer notre liste d'activités, nous avons consulté les grilles de certaines enquêtes de budget-temps et pré-testé notre propre grille.

La journée moyenne des répondantes se passe de la façon suivante: 7,4 heures sont consacrées en moyenne au sommeil; elles accomplissent en moyenne 7,8 heures de travaux reliés à leurs tâches familiales; elles passent en moyenne 6,8 heures à des activités personnelles et une demi-heure à diverses autres activités. Comme certaines semblent avoir omis de répondre à certaines tâches ou avoir sous-évalué le temps passé à ces tâches, nous arrivons à un total moyen de 22,4 heures.

TABLEAU 1

TEMPS ALLOUÉ À DIVERSES TÂCHES DANS UNE JOURNÉE

Tâches	Moyenne de temps alloué (minutes)	Aucun temps	De 1 à 240 minutes	241 minutes et plus
Tâches familiales	*467,5*	*4,9%*	*8,7%*	*86,4%*
1. Tâches éducatives et soins aux membres de la famille	64,0	44,6%	51,4%	4,0%
2. Préparation des repas et vaisselle	161,5	6,9%	81,5%	11,7%
3. Entretien du logement et des vêtements	178,7	8,8%	68,4	22,8%
4. Déplacements pour courses ou famille	63,3	52,1%	43,9%	3,9%
Entretien personnel	*408,5*	*5,2%*	*10,7%*	*84,1%*
1. Repas	66,3	10,3%	89,7%	0%
2. Loisir	258,6	6,6%	45,7%	47,7%
3. Activitées sociales	40,4	38,9%	59,1%	2,0%
4. Soins et rendez-vous personnels	43,2	32,4%	67,1%	0,5%
Sommeil	444,8	5,9%	2,2%	91,9%
Divers*	27,9	84,4%	12,4%	3,1%
Total de la journée	1348,7 (22,4 heures)			

* La plupart des activités regroupées sous la rubrique «divers» semblent correspondre, d'après les renseignements fournis par les répondantes, à des activités d'entretien personnel.

Comme l'indique le tableau 1, le taux réel de non-réponses semble se situer autour de 5,0%: 4,9% n'ont rien indiqué pour aucune des tâches familiales, 5,2% n'ont rien indiqué pour aucune des catégories de la rubrique «entretien personnel» et 5,9% n'ont indiqué aucune minute de sommeil. Ces réponses étant peu plausibles, nous en concluons qu'il s'agit probalement de non-réponses et non de «0 minute».

Si nous examinons en détail les tâches familiales, nous arrivons au classement suivant, par ordre décroissant de temps moyen consacré à chaque type d'activité:

- entretien du logement et des vêtements: 178,7 minutes;
- préparation des repas et vaisselle: 161,5 minutes;
- tâches éducatives et soins aux membres de la famille: 64,0 minutes;
- déplacements pour courses ou famille: 63,3 minutes.

L'entretien ménager l'emporte nettement sur les tâches éducatives et les soins aux membres de la famille. Mais il faut tempérer ces résultats en considérant plusieurs facteurs. Certaines n'ont pas d'enfants à la maison (30,9% sont dans ce cas); lorsqu'elles en ont, la majorité de ces enfants sont d'âge scolaire ou adulte, donc absents pendant la journée (26,2% seulement ont des enfants de moins de 6 ans).

De plus, il est beaucoup plus difficile de comptabiliser le temps consacré aux enfants que le temps passé aux tâches ménagères. Les enfants d'âge préscolaire nécessitent la présence continue de la mère et multiplient ses tâches ménagères: la plupart du temps, elle accomplit simultanément ses rôles de ménagère et de mère. Comme nous avons demandé de mesurer le temps consacré à des activités clairement iden-tifiées par une liste préétablie, les femmes ont sans doute mesuré leur tâche principale sans tenir compte des tâches simultanées, malgré nos instructions de répartir le temps entre les activités simultanées. Lorsqu'il s'agit d'enfants plus âgés, il est encore plus difficile de mesurer un temps purement «éducatif»: pensera-t-on à mesurer les conversations engagées par la mère avec l'enfant lorsqu'elle prépare les repas, lorsque la famille est devant l'appareil de télévision ou à table?

L'examen des activités regroupées sous la rubrique «entretien personnel» nous apprend que les activités des loisirs (258,6 minutes en moyenne) l'emporte largement sur le temps pris pour les repas (66,3 minutes), pour les soins et rendez-vous personnels (43,1 minutes) et les activités sociales (40,4 minutes). La catégorie «loisir» comprend les activités suivantes:

- regarder la télévision, pour une moyenne de 143,6 minutes;
- marche ou activité physique, pour une moyenne de 26,2 minutes;
- lecture, pour une moyenne de 43,6 minutes;
- assistance à un cours ou une conférence, pour une moyenne de 8,5 minutes;
- assistance à un spectacle, pour une moyenne de 5,1 minutes;
- artisanat, pour une moyenne de 31,7 minutes.

La catégorie «activités sociales» comprend:
- participation à des organisations, pour une moyenne de 17,1 minutes;
- conversations au téléphone, pour une moyenne de 23,3 minutes.

Ainsi, le temps de loisir se passe en grande partie devant la télévision et les contacts sociaux les plus longs consistent en des rendez-vous personnels ou des conversations au téléphone. Notons ici encore qu'une femme peut exécuter des travaux en regardant la télévision et que le temps des repas peut être passé en grande partie à servir les autres ou à stimuler les échanges entre les membres de la famille.

Bref, le budget-temps rempli par les femmes au foyer nous apprend que leur journée moyenne de travail a une durée de près de huit heures, et n'oublions pas que leur semaine de travail est de sept jours. Mais ce chiffre sous-estime nettement les tâches éducatives ou les soins prodigués aux autres membres de la famille qui sont le plus souvent accomplis en même temps que d'autres activités. En moyenne, ces femmes consacrent un temps suffisant à leur sommeil (7,4 heures) et n'oublient pas d'en consacrer à leurs loisirs, leurs soins personnels ou toute autre activité personnelle (6,8 heures).

Nous avons examiné l'influence de l'âge des répondantes, de leur revenu familial et de l'âge de leur plus jeune enfant sur la répartition de leur temps de sommeil, de tâches familiales et d'entretien personnel. Globalement, le temps consacré au sommeil varie peu selon le niveau de revenu familial, l'âge de la répondante ou celui de son plus jeune enfant. Par contre, l'âge de la répondante ou celui de son plus jeune enfant influencent la répartition du temps alloué aux tâches familiales et à l'entretien personnel.

Le temps moyen alloué aux tâches familiales décroît avec l'âge: il va de 8,8 heures parmi les femmes âgées de moins de 35 ans à 5,7 heures pour celles âgées de 65 ans ou plus. Ces résultats reflètent sans doute la présence ou l'absence d'enfants à la maison et leur âge. Nous constatons d'ailleurs une variation aussi grande lorsque nous étudions la dispersion du temps alloué aux tâches familiales selon la présence d'enfant à la maison et l'âge du plus jeune:

- le plus jeune enfant a moins de 6 ans: 9,0 heures
- le plus jeune enfant a de 6 à 12 ans: 8,8 heures
- le plus jeune enfant a de 13 à 17 ans: 7,6 heures
- le plus jeune enfant a plus de 17 ans: 7,1 heures
- pas d'enfant à la maison: 6,8 heures

Le temps moyen alloué à l'entretien personnel s'accroît avec l'âge: il va de 6,0 heures pour les femmes de moins de 35 ans à 7,7 heures pour les femmes âgées de 65 ans ou plus. Lorsque nous tenons compte de la présence d'enfants à la maison et de l'âge du plus jeune, la dispersion va de 5,4 heures à 7,8 heures. Les femmes n'ayant pas d'enfant à la maison sont évidemment celles qui consacrent le plus de temps à leurs activités personnelles.

Bref, si le revenu familial influence peu l'emploi du temps des femmes au foyer, leur âge, celui de leur plus jeune enfant et la présence ou l'absence d'enfants déterminent largement le temps qu'elles vont allouer aux tâches familiales ou à des tâches personnelles.

Les tâches occasionnelles

Les activités repérées par une étude de la répartition du temps dans une journée sont évidemment les activités les plus courantes. Cette méthodologie laisse peu de place aux tâches occasionnelles ou saisonnières. Même si ces dernières occupent une part moins grande du temps, elles n'en sont pas pour autant négligeables pour la famille qui en bénéficie.

Nous nous sommes arrêtées à deux types d'activités ménagères qui ont une incidence sur le bien-être de la famille, soit la production d'articles destinés à la consommation familiale et l'entretien ménager qui se traduit par de gros travaux. On pourrait être porté à croire qu'une minorité de femmes s'y adonnent et que cela correspond plutôt à une image du passé, à un contexte économique différent, mais tel n'est pas le cas.

Nous avons énuméré sept activités en demandant aux femmes s'il leur arrivait parfois de s'y livrer personnellement. Les résultats sont les suivants:

- confection de conserves, confitures, marinades: 77,8% en font;
- confection de vêtements pour la famille: 56,6% en font;

- confection d'articles pour la maison: 57,7% en font;
- bricolage pour la maison (réparations, menuiserie, etc.): 51,0% en font;
- décoration intérieure (peinture, tapisserie, etc.): 70,5% en font;
- grand ménage saisonnier: 89,9% en font;
- entretien de l'extérieur de la maison (pelouse, déneigement, jardinage, peinture, et.): 64,8% en font.

Les pourcentages sont tous calculés sur un total de 526.

Comme on le voit, la production d'articles destinés à la consommation domestique n'est pas chose du passé et les gros travaux de la maison ne sont pas uniquement le lot des hommes. Dans tous les cas, la majorité des répondantes exercent à l'occasion ces activités. Sans pousser plus loin l'analyse sur le sujet, nous avons voulu souligner certains aspects de la contribution économique de ces femmes qui sont le plus souvent passés sous silence. Nos résultats nous surprennent d'autant plus que le marché offre de nombreux services qui pourraient remplacer plusieurs de ces travaux.

3. LA PERCEPTION DE LEUR TRAVAIL PAR LES FEMMES AU FOYER

Comment les femmes au foyer perçoivent-elles leur rôle? Sont-elles satisfaites de leur sort et de la place qui leur est faite dans la famille et dans la société? Il est très difficile d'avoir une vision à la fois claire et nuancée de cette perception. Elle comprend en effet plusieurs dimensions et elle est affectée par de multiples facteurs. Essayons de recenser les plus importants:

- Cela dépend des questions posées. En effet, si on leur demande globalement si elles sont satisfaites de leur sort ou si elles se sentent appréciées, on peut obtenir une réponse claire, mais sans savoir si la perception ou la satisfaction s'étendent à tous les aspects de leur vie et des rôles sociaux qu'elles cumulent.
- Cela dépend de leurs aspirations: les perceptions seront plus positives si elles ont toujours rêvé d'être au foyer que si leur situation familiale ou les conditions sociales les ont empêchées de faire autre chose.
- Cela dépend de la façon dont elles définissent leur rôle au foyer; selon qu'il s'agit de rendre leur famille heureuse, de garder une maison propre, de se sentir utile socialement, de s'épanouir

personnellement ou d'atteindre un certain niveau social à travers leur mari, les réponses et les critères de jugement ne seront pas les mêmes.

• Cela dépend de leur situation familiale: leur entente avec leur conjoint, la réussite de leurs enfants, leur aisance matérielle, leur situation matrimoniale, etc.

• Cela dépend de facteurs personnels: état de santé, valeurs personnelles, croyances religieuses, cycle de vie dans lequel elles se trouvent, attitudes, etc.

• Cela dépend aussi de l'idée qu'elles se font de la perception des autres et, en particulier, de la valorisation sociale plus ou moins grande de leur rôle.

Bref, il faut s'interroger sur plusieurs aspects de cette perception et se souvenir que les résultats ne dépendent pas nécessairement des rôles en eux-mêmes: ils sont influencés par l'expérience vécue de ces femmes.

Nous allons d'abord voir leur perception de chacun de leurs rôles, puis étudier leurs sources de satisfaction et d'insatisfaction. Étant donné la complexité du réseau d'influence, notre analyse n'évoquera qu'à l'occasion certains facteurs sans statuer sur leur poids par rapport à la perception globale. En effet, notre étude ne touche pas certains éléments importants tels les aspirations de ces femmes, l'ordre de priorité qu'elles accordent à leurs rôles, le degré d'entente avec le conjoint ou le degré de réussite de l'éducation des enfants.

Avant d'exposer les résultats de notre enquête, relevons quelques éléments de la littérature sur le sujet. Nous avons vu au chapitre précédent que, pour Helena Z. Lopata, la définition de la femme au foyer recouvre plusieurs rôles dont l'importance respective varie selon le cycle de vie. Son étude se penche également sur la variation des expériences vécues au foyer selon la race, le milieu social et la présence d'enfants. Il s'en dégage une image nuancée qui tient compte des diversités de situations. De plus l'auteure ne réduit jamais la définition du travail au foyer à l'accomplissement des tâches ménagères et insiste sur la créativité et l'autonomie dont font preuve nombre d'Américaines dans l'accomplissement de leurs multiples rôles. En termes de perception, il en ressort que, si certaines souffrent d'isolement et d'ennui, d'autres réussissent à réinventer leurs rôles et à élargir leur cercle d'appartenance en s'adaptant aux diverses phases de changement du cycle de vie familial. Nous avons vu plusieurs aspects de cette diversité au chapitre précédent: les répondantes qui réussissent à conserver et à créer des contacts en dehors de leur foyer, qui s'intéressent à une variété de sujets, qui ont des activités en dehors de leur foyer ou qui ont des projets dans ce sens perçoivent sans doute leurs rôles de façon différente de celles qui sont isolées physiquement et psychologiquement.

Ann Oakley distingue de façon intéressante entre être une femme au foyer et accomplir les tâches ménagères[8]. *Si l'on peut être satisfaite d'être au foyer, on peut ne pas aimer les tâches ménagères.* En fait les femmes de son échantillon se trouvent majoritairement dans cette situation. Elles se plaignent de la monotonie des tâches ménagères, de leur fragmentation et de la longueur de leur semaine de travail. S'il leur plaît d'être autonomes, sans patron pour leur fixer un horaire précis, plusieurs acceptent mal l'isolement ou le statut social peu élevé qui en sont les attributs. De plus, plusieurs se sentent perdues devant l'absence de normes précises leur permettant d'évaluer le travail accompli. Enfin, celles qui détenaient auparavant des emplois conférant un statut élevé sont les moins satisfaites de leur situation. Il faut donc distinguer entre les sentiments éprouvés envers le travail ménager et l'orientation envers le rôle de femme au foyer. Une dernière conclusion de son étude est que la variation selon les classes sociales se fait sentir dans l'orientation envers le rôle de femme au foyer et non dans les sentiments éprouvés envers le travail ménager. Les femmes de la classe ouvrière s'identifieraient plus facilement au rôle de femme au foyer et y trouveraient par conséquent plus de satisfaction, alors que celles de la classe moyenne auraient tendance à moins s'y identifier.

La perception selon les rôles exercés

Nous avons voulu vérifier si cette perception du travail au foyer correspond à ce que vivent les répondantes. Nous avons formulé une série de neuf propositions décrivant les rôles des femmes au foyer en utilisant certaines conclusions des recherches de Helena Z. Lopata et de Ann Oakley. Chaque proposition décrit l'un des rôles suivants: ménagère, mère, épouse, citoyenne, individu. Les répondantes devaient indiquer leur degré d'accord avec la perception du rôle énoncée dans la proposition en utilisant une échelle de cinq points allant de «totalement d'accord» à «totalement en désaccord». Nous indiquerons au passage les grandes lignes des variations de la perception des rôles selon l'âge et le revenu familial.

Nous avons formulé trois propositions pour décrire le travail au foyer, l'une utilisant un attribut négatif (la monotonie), les deux autres, un attribut positif (l'autonomie et les loisirs permis par ce travail). Les résultats sont les suivants:

- Ce qui est décourageant dans le travail ménager, c'est que c'est toujours à refaire:

totalement d'accord	50,7%
plutôt d'accord	19,6%
plus ou moins d'accord	17,6%
plutôt en désaccord	6,0%
totalement en désaccord	6,1%
Total (500)	100,0%

- Être femme au foyer, ça permet de travailler à son propre rythme:

totalement d'accord	60,9%
plutôt d'accord	18,5%
plus ou moins d'accord	16,6%
plutôt en désaccord	2,4%
totalement en désaccord	1,6%
Total (507)	100,0%

- Être au foyer permet d'avoir plus de loisirs:

totalement d'accord	38,7%
plutôt d'accord	16,3%
plus ou moins d'accord	30,5%
plutôt en désaccord	7,2%
totalement en désaccord	7,4%
Total (499)	100,0%

Ainsi, les résultats de l'enquête d'Ann Oakley sur les sentiments éprouvés envers le travail ménager se trouvent confirmés dans deux cas sur trois: une forte majorité le considère monotone ou apprécie l'autonomie qu'il permet. Par contre, une majorité (55%) pense que le travail au foyer permet plus de loisirs; les femmes interrogées par Ann Oakley se plaignaient en majorité de la longueur de leur semaine de travail. Les réponses obtenues dans notre enquête peuvent s'expliquer de deux façons. Ann Oakley a surtout interviewé de jeunes mères qui sont réellement surchargées de travail, alors que notre échantillon ne se limite pas à cette catégorie. De plus la formulation de notre question appelait une comparaison: sans doute les répondantes ont-elles jugé qu'elles ont plus de loisirs que les femmes en emploi.

Il n'y a pas de variation significative des sentiments éprouvés envers ce travail selon le niveau de revenu, mais les réponses varient dans les trois cas selon l'âge. Les plus jeunes femmes (âgées de moins de 45 ans) déplorent plus souvent que les autres la monotonie du travail ménager. Par contre, elles croient moins souvent que les autres que le fait d'être au foyer permet de travailler à son propre rythme ou d'avoir plus de loisirs. C'est dire que les sentiments négatifs envers le travail au foyer sont plus marqués parmi les femmes âgées de moins de 45 ans. Cela peut traduire une différence de charge de travail selon les groupes d'âge ou encore un phénomène de génération, les plus jeunes acceptant moins facilement leurs conditions de travail et ayant plus souvent une expérience du marché du travail.

Nous avons formulé deux propositions relatives au rôle maternel, l'une positive, l'autre négative. La première traduit l'idée que la présence au foyer permet de mieux remplir le rôle maternel, la seconde met en relief l'isolement de la mère qui doit assurer constamment la garde de jeunes enfants. Les résultats sont les suivants:

• Être au foyer donne l'occasion d'être plus près de ses enfants:

totalement d'accord	75,6%
plutôt d'accord	15,7%
plus ou moins d'accord	5,8%
plutôt en désaccord	1,7%
totalement en désaccord	1,2%
Total (476)	100,0%

• Une femme au foyer avec de jeunes enfants se sent isolée:

totalement d'accord	17,5%
plutôt d'accord	20,2%
plus ou moins d'accord	26,3%
plutôt en désaccord	17,2%
totalement en désaccord	18,4%
Total (454)	100,0%

Si neuf sur dix (91,3%) sont d'accord avec la première proposition, la seconde est très controversée. Le premier résultat confirme les données du premier chapitre de notre étude à l'effet que les femmes demeurent au foyer en premier lieu pour s'occuper de leurs enfants. Le second résultat ne concorde pas avec les observations d'Ann Oakley, mais confirme les données du chapitre précédent et celles de Helena Z. Lopata: toutes les femmes au foyer ne vivent pas une situation d'isolement; les attitudes personnelles entrent évidemment en ligne de compte. Notons que ces deux questions obtiennent des taux plus élevés de non-réponses parce que certaines femmes n'ayant pas d'enfant auprès d'elles ont jugé inutile d'y répondre.

Aucune des propositions relatives aux enfants ne présente un lien significatif avec le niveau de revenu familial. Par contre, l'âge est lié à la perception de l'isolement de la mère de jeunes enfants. Ici encore, les femmes de moins de 45 ans se caractérisent par une perception plus négative que les autres, car elles sont proportionnellement plus nombreuses à être d'accord avec la proposition. Cela peut traduire le fait qu'elles ont en majorité auprès d'elles de jeunes enfants, contrairement aux autres. Mais cela peut également être un phénomène de génération car nous retrouvons la même tendance à propos d'autres sujets.

Nous avons formulé une proposition à propos du rôle d'épouse de façon à vérifier les sentiments de proximité envers le conjoint. Les résultats sont les suivants:

- Une femme au foyer a l'avantage d'être plus près de son conjoint:

totalement d'accord	36,1%
plutôt d'accord	17,1%
plus ou moins d'accord	30,0%
plutôt en désaccord	8,3%
totalement en désaccord	8,4%
Total (489)	100,0%

Si la majorité est d'accord avec cette proposition (53,2%), un bon nombre s'y retrouvent plus ou moins ou pas du tout. Plusieurs explications sont possibles. Les femmes au foyer ne vivent pas les mêmes conditions de travail que leur conjoint: certaines peuvent éprouver un sentiment d'incompréhension à cause de cela et penser que les femmes qui ont un emploi sont plus près de leur conjoint. Elles peuvent avoir répondu en fonction de l'état de leur relation avec leur conjoint, état qui n'est pas nécessairement dû au fait qu'elles sont au foyer. Par ailleurs, certaines peuvent penser que leur vie au foyer entraîne des conflits avec leur conjoint: par exemple à propos des tâches ménagères, de leur dépendance financière, de leurs responsabilités envers les enfants, etc.

Le sentiment de proximité envers le conjoint varie selon l'âge et le revenu. Ce sentiment croît selon l'âge: il est à son minimum parmi les femmes âgées de moins de 35 ans (36,0%), il s'élève aux environs de 50% entre 35 et 64 ans et atteint son maximum à partir de 65 ans (79,1%). Sans doute, ce résultat traduit-il la durée de la cohabitation, celles qui se sentent plus près de leur conjoint étant celles dont l'union est la plus longue. Quant au niveau de revenu familial, celles qui disposent du revenu le plus faible (moins de 10 000 $) sont beaucoup plus souvent d'accord avec la proposition (64,7%) que les autres (de 47,0% à 51,0% pour les autres catégories de revenu). Est-ce à dire que la pauvreté rapproche les conjoints? Ou ce résultat traduit-il la prédominance des personnes âgées parmi les plus pauvres? Quoi qu'il en soit, notons qu'ici encore les plus jeunes éprouvent plus souvent un sentiment négatif et qu'il est difficile de voir si la répartition des résultats traduit un sentiment envers le fait d'être au foyer ou envers le conjoint lui-même.

Par rapport à leur rôle social, les femmes au foyer reçoivent en général un double message: on leur concède qu'elles font œuvre utile tout en leur accordant un statut inférieur. Nous avons vu au premier chapitre que le soin des enfants ou le travail ménager sont des tâches peu prestigieuses: pourtant personne ne doute qu'elles sont essentielles à la survie de la société et au bien-être de la population. Dans quelle mesure cette situation affecte-t-elle les répondantes? Nous avons formulé deux propositions pour vérifier leur perception de ce double message:

• Une femme au foyer éprouve le sentiment de ne rien apporter à la société:

totalement d'accord	13,0%
plutôt d'accord	8,2%
plus ou moins d'accord	21,5%
plutôt en désaccord	18,7%
totalement en désaccord	38,6%
Total (492)	100,0%

Près de huit femmes sur dix ne se reconnaissent pas ou peu dans cette affirmation: c'est dire que la tendance générale consiste à croire plus ou moins fermement en une contribution sociale positive. Mais cette contribution est-elle appréciée? D'après nos résultats, les femmes au foyer semblent penser que oui:

• Une femme au foyer se sent dévalorisée dans la société:

totalement d'accord	12,4%
plutôt d'accord	11,7%
plus ou moins d'accord	21,2%
plutôt en désaccord	13,0%
totalement en désaccord	41,7%
Total (491)	100,0%

Ici encore, près de huit femmes sur dix ne se reconnaissent pas ou peu dans cette affirmation: seule une minorité se sent dévalorisée aux yeux de la société. Doit-on en conclure que cette perception traduit la réalité et qu'il est faux de prétendre que les femmes au foyer sont peu considérées dans la société? Doit-on au contraire conclure qu'il s'agit d'une fausse perception et que ces femmes se laissent piéger par les discours officiels sans regarder les faits objectifs? Nous ne pouvons certes trancher le débat. Si une femme aspire avant tout au bonheur de sa famille, la meilleure reconnaissance de son travail ne provient-elle pas de son entourage familial? Comme les valeurs dominantes dans la société vont dans ce sens, il est sans doute logique qu'elle se sente appréciée en accomplissant ce qu'elle considère comme un devoir. Un sentiment d'injustice ne peut apparaître que si elle compare son sort à celui des autres et encore, pourquoi se sentirait-elle moins appréciée que la femme en emploi? Comme le démontre l'analyse du partage des tâches familiales, l'injustice apparaît plutôt lorsqu'on compare le sort des femmes à celui des hommes. Or, la formulation de nos propositions ne nous permet pas de mesurer de telles nuances.

L'âge influence la perception du rôle social et de son appréciation. Dans les deux cas, les femmes âgées de moins de 35 ans se démarquent nettement des autres par une perception plus souvent négative. La proposition «Une femme au foyer éprouve le sentiment de ne rien apporter à la société» rencontre l'accord de 30,7% de celles-ci, comparativement à des pourcentages de 15,0% à 18,0% pour les autres catégories d'âge. La seconde affirmation «Une femme au foyer se sent dévalorisée dans la société» est approuvée par 32,6% des femmes de moins de 35 ans, comparativement à des pourcentages de 26,0% à 12,6% pour les autres groupes d'âge. Signalons enfin que l'accord à la première proposition varie selon le revenu de la façon suivante: les femmes disposant d'un revenu familial de 10 000 $ à 19 999 $ (24,2%) et de 20 000 $ à 29 999 $ (29,5%) sont proportionnellement plus nombreuses à affirmer qu'une femme au foyer éprouve le sentiment de ne rien apporter à la société que celles se situant dans les catégories extrêmes de revenu (inférieur à 10 000 $: 15,3% d'accord; 30 000 $ ou plus: 12,5% d'accord).

Nous avons voulu vérifier enfin dans quelle mesure ces femmes éprouvent le sentiment d'être dans une situation propice à leur épanouissement en tant que personne humaine. C'est ici que nous rencontrons la perception la plus défavorable.

• Être au foyer donne les conditions les plus propices à l'épanouissement personnel:

totalement d'accord	18,1%
plutôt d'accord	18,5%
plus ou moins d'accord	34,3%
plutôt en désaccord	14,7%
totalement en désaccord	14,3%
Total (496)	100,0%

Seulement 37,6% croient que cette situation est la plus favorable à leur épanouissement personnel.

Cette perception varie peu selon le niveau de revenu familial mais beaucoup selon les catégories d'âge. La proportion de répondantes qui sont d'accord avec cette proposition s'accroît énormément avec l'âge: elle va de 18,0% parmi les femmes âgées de moins de 35 ans à 61,9% parmi les plus âgées (65 ans ou plus), les catégories moyennes présentant des pourcentages voisins les uns des autres.

Bref, dans l'ensemble la majorité des répondantes perçoivent favorablement leurs rôles au foyer en tant que ménagères, mères, épouses ou citoyennes. Par contre, de l'avis de la majorité, le fait d'être au foyer ne les place pas nécessairement dans les conditions les plus propices à l'épanouissement personnel. De plus, à propos de huit propositions sur neuf, les plus jeunes se signalent par une perception plus négative de leur rôle. Enfin, le niveau de revenu familial influence peu les perceptions.

Les sources de satisfaction et d'insatisfaction

Après avoir étudié la perception des répondantes à l'égard des différentes facettes de leurs rôles, nous pouvons aborder leur satisfaction. Même si la perception et la satisfaction sont liées, il nous a paru nécessaire de les distinguer. En effet, même si une femme perçoit certains aspects de sa situation comme négatifs, cela ne veut pas nécessairement dire qu'elle est insatisfaite de son sort, les aspects positifs pouvant compenser les aspects négatifs. C'est pour respecter l'expérience de ces femmes que nous avons voulu traiter cette question de façon nuancée. Nous avons formulé deux questions ouvertes où elles avaient toute liberté de s'exprimer:

(1)   Qu'est-ce qui vous satisfait dans votre vie actuelle?

(2)   Qu'est-ce que vous souhaiteriez améliorer?

Nous avons opté pour cette dernière formulation à la suite d'un pré-test de notre questionnaire : une question fermée ou une demande explicite d'exprimer les insatisfactions heurtaient les sentiments de ces femmes et les portaient à refuser d'y répondre. Même si, à première vue, nos questions semblent comporter un biais en faveur de la satisfaction, elles se sont révélées utiles dans la cueillette des informations désirées.

Voyons, par ordre d'importance décroissante, les sources de satisfaction mentionnées par les répondantes et les choses qu'elles souhaitent améliorer. Comme les questions étaient ouvertes, chacune pouvait mentionner autant de thèmes qu'elle le souhaitait. Nous avons retenu un maximum de trois thèmes par répondante, les informations ainsi négligées sont numériquement très peu importantes. Les pourcentages sont calculés sur le total des thèmes mentionnés et non sur le total des répondantes.

Les sources de satisfaction mentionnées sont les suivantes :

• Ma famille (enfant, conjoint, ou les deux)	33,8 %
• La liberté dans mon travail	12,6 %
• Mes activités de loisir ou culturelles	11,8 %
• Tout me satisfait	8,7 %
• Satisfaction personnelle (être en bonne santé, se sentir utile)	7,2 %
• Mon réseau social	6,2 %
• La paix, la sécurité	6,0 %
• La tenue de ma maison	4,1 %
• Peu ou pas du tout satisfaite	2,8 %
• Satisfaite avec réserve (sans préciser)	2,5 %
• Mes activités de bénévolat	2,5 %
• Autres	1,9 %
Total (850)	100,0 %

Signalons que 17,3 % des femmes se sont abstenues de répondre. Comme le questionnaire était très long et que nos deux questions ouvertes se situaient à la fin, ce taux nous paraît raisonnable et ne doit sans doute pas être interprété comme un indice d'insatisfaction globale.

Les relations familiales sont, de loin, la source de satisfaction la plus souvent exprimée. Certaines mentionnent «voir ma famille heureuse», d'autres, «voir mes enfants heureux», «voir mon conjoint heureux» ou encore «ma vie de couple», «pouvoir être présente auprès des enfants», «être appréciée par ma famille». Même si la mention explicite du conjoint est moins fréquente que celle des enfants, très souvent la réponse englobe les deux.

Le travail ménager vient en second: 12,6% des mentions portent sur la liberté conférée par ce travail et 4,1% concernent la tenue de la maison. Ce résultat confirme certaines remarques précédentes à l'effet que l'autonomie est un aspect beaucoup plus valorisé que les tâches ménagères proprement dites.

Si 11,8% des mentions portent sur les activités de loisirs ou culturelles, il ne faut pas en conclure qu'il s'agit nécessairement du temps consacré à soi, car ces activités peuvent s'exercer en famille. Cependant si nous ajoutons la réponse «mes activités de bénévolat» (2,5%), cela confirme certains résultats précédents à l'effet que plusieurs ne limitent pas leurs intérêts à leur environnement familial.

Sans entrer dans tous les détails, nous pouvons retenir que si la majorité des mentions concernent la vie au foyer, elles ne s'y réduisent pas. De plus, il apparaît clairement que les relations familiales constituent l'aspect le plus satisfaisant du travail au foyer.

Voyons maintenant ce que les répondantes souhaitent améliorer. Un peu moins du quart (24,5%) se sont abstenues de toute mention. Les remarques faites précédemment à propos du taux de non-réponses aux sources de satisfaction concernent également les améliorations souhaitées. Le taux un peu plus élevé de non-réponses à la présente question peut s'expliquer par le fait que plusieurs se considèrent entièrement satisfaites ou qu'il peut être difficile d'exprimer des besoins spécifiques. Nous avons ici encore retenu un maximum de trois mentions par répondante, le pourcentage étant calculé sur le total des mentions et non sur le total des répondantes.

Les mentions sont énumérées par ordre décroissant d'importance:

- La situation financière des femmes au foyer   16,9%
- Avoir plus de loisirs ou d'activités
  en dehors du foyer   9,1%
- Il n'y a rien à améliorer   8,8%
- La paix, la justice sociale   6,8%
- Les relations familiales   6,6%
- Améliorations personnelles
  (santé, caractère, etc.)   6,4%
- Les conditions de vie des jeunes
  ou des personnes âgées   6,1%
- Pouvoir accomplir un projet dans l'avenir   5,4%
- Les mesures sociales concernant les femmes   5,0%

• Mes relations sociales	5,0%
• Pouvoir travailler ou faire du bénévolat	4,7%
• La situation économique en général (chômage, etc.)	4,3%
• Valoriser la femme au foyer	3,8%
• La situation économique de ma famille	3,5%
• Que les femmes restent au foyer	1,5%
• Autres	6,0%
Total (717)	100,0%

Il est difficile d'opérer des regroupements, car certains thèmes peuvent faire partie de plusieurs ensembles. Les mentions concernent en gros la situation économique, les rôles exercés, la justice sociale, la situation des femmes en général ou celle des femmes au foyer. *Les répondantes semblent conscientes du fait que, si des améliorations sont nécessaires dans leur vie personnelle, leur situation dépend aussi du contexte social.* Parmi les mentions concernant leur vie personnelle, leur propre situation économique vient en premier, avant même le désir de loisirs plus nombreux, de meilleures relations familiales ou sociales, de travailler ou de faire du bénévolat, d'accomplir un projet ou de se changer elles-mêmes. Parmi les sujets d'ordre général, nous retrouvons des préoccupations tant pour toute la population que pour elles-mêmes. Dans l'ensemble, si nous comparons les thèmes mentionnés à cette question à ceux portant sur les sources de satisfaction, nous remarquons que la satisfaction est majoritairement liée aux rôles familiaux alors que les améliorations souhaitées sont beaucoup plus diffuses et concernent moins souvent la vie au foyer. Comment s'étonner du fait qu'elles pensent autant aux autres qu'à elles-mêmes? Nous savons qu'elles travaillent avant tout pour le bien-être de leur famille et que leur participation sociale se fait surtout par le canal des associations de bienfaisance.

4.   LES INTERVENTIONS DE L'ÉTAT
CONCERNANT LE TRAVAIL AU FOYER

Nous avons vu que les femmes au foyer ne se sentent pas, en majorité, dévalorisées socialement et croient à l'utilité sociale de leurs tâches. Cette perception positive s'étend-elle aux interventions de l'État qui ont des incidences sur leurs rôles et leurs conditions de vie?

Pour répondre à cette question, il faut d'abord voir en quoi consistent ces interventions. Comme nous en avons déjà fait la remarque, l'État ne se reconnaît pas de juridiction sur le travail exercé au foyer. Ainsi sa position à l'égard de ce «non-travail» est une position de non-intervention: il n'impose pas de conditions de travail, il ne légifère pas sur le nombre d'heures, il n'assure pas d'avantages sociaux, il ne prévoit pas de mesures en cas d'accidents de travail, de congédiement ou de mise à la retraite. Cette non-intervention est en soi une politique: après tout, au Québec, l'État rémunère les soins aux enfants quand ils sont assurés par les médecins et leur éducation quand elle est assurée par des professeurs. Et aux mères, il n'accorde que de maigres allocations familiales...

À la base de ce choix de l'État, il y a la définition du travail au foyer comme un échange de services entre conjoints et une obligation parentale à l'égard des enfants: il s'agirait d'ententes privées et familiales sur lesquelles l'État n'a pas juridiction. Mais si l'on y regarde de plus près, on s'aperçoit qu'il intervient beaucoup dans le domaine dit familial. Voyons les éléments les plus importants:

- il légifère sur les régimes matrimoniaux;
- il tente de contrôler la fécondité des femmes (législation sur l'avortement, implantation des cliniques de planification familiale, incitations à avoir des enfants, etc.);
- il assure des soins aux enfants: services médicaux, services sociaux;
- il assure une part de l'éducation des enfants par l'école;
- il assure une part de la garde des enfants par une politique de garderies;
- il légifère sur les relations familiales: révision du Code civil.

En plus de ces politiques qui concernent directement les différents aspects du travail au foyer, il existe une série d'interventions étatiques qui enferment les femmes dans une structure familiale dominée par l'homme et rendent le plus souvent impossible un véritable choix entre le travail au foyer et la participation au marché du travail. Ce double aspect de l'État provient de son rôle central dans la détermination des conditions d'emploi et des conditions d'accès à la sécurité sociale:

...la quasi-totalité de la population tire sa subsistance de l'une ou l'autre des quatre sources suivantes: le travail rémunéré, la dépendance envers le soutien de l'État, la dépendance envers les personnes apparentées, les pensions ou les épargnes privées. Étant donné la relative inflexibilité des deux dernières sources, l'État peut dans une large mesure définir la taille et la structure de la population active au moyen de son système de sécurité sociale (…) Dans le cas des femmes, le système de sécurité sociale a eu des effets curieux, d'une part, il a rendu les femmes mariées dépendantes de leur conjoint (…) mais d'autre part en restreignant leur éligibilité aux bénéfices de la sécurité sociale, il les a rendues plus susceptibles d'être utilisées comme «cheap labour» quand elles doivent aller sur le marché du travail[9].

Nous avons déjà vu que le travail au foyer ne donne pas accès aux régimes de retraite publics prévus pour les travailleurs, il ne donne pas accès à l'assurance-chômage ni aux prestations prévues en cas d'accident de travail, il ne donne pas droit aux congés de maternité, etc. L'aide sociale n'est accordée à une femme que si elle ne cohabite pas avec un homme: dès qu'il y a un homme (susceptible de gagner un revenu) dans la maison, elle est considérée comme dépendante de lui. S'il s'agit d'une femme chef de famille monoparentale, on lui accorde à peine de quoi subvenir aux besoins de sa famille de façon à l'encourager à aller sur le marché du travail dans les emplois les moins bien payés. Bref, *l'État encourage la dépendance des femmes envers leur conjoint et lorsque le conjoint n'est plus là pour les «protéger», il leur donne le choix entre l'aide sociale et le «cheap labour»* (sauf les cas minoritaires où le conjoint a prévu les besoins de sa veuve ou de son ex-femme et les cas où la femme a déjà un emploi bien rémunéré). Quant aux femmes mariées qui ont un emploi rémunéré, rappelons une fois de plus que les conditions qui prévalent sur le marché du travail maintiennent souvent la valeur «marchande» de leur labeur à peine au niveau des besoins de subsistance.

Nous avons voulu connaître la perception des répondantes à l'égard de certaines de ces interventions étatiques, de même que l'orientation générale qu'elles souhaiteraient leur voir prendre. Pour examiner la première dimension, nous avons énuméré dix politiques gouvernementales actuelles en demandant pour chacune si elles la connaissaient (au courant, un peu au courant, pas du tout au courant) et leur opinion à son égard (les catégories de réponses varient pour chacune). Pour examiner la seconde dimension, nous avons posé la question suivante: «Est-ce que les politiques gouvernementales devraient inciter les femmes à demeurer au foyer? Leur donner le choix entre demeurer au foyer *et* travailler à l'extérieur? Les inciter à travailler à l'extérieur?»

Nous n'avons pas jugé utile de leur soumettre des solutions précises car toute formulation en ce sens risquait d'avoir un fort pouvoir incitatif, ce qui biaise les réponses. Nous avons enfin inclus quelques questions sur leur degré d'accord envers la ségrégation des rôles selon les sexes de façon à voir si leur orientation les rapproche ou non d'une conception traditionnelle de la condition féminine. Étant donné l'abondance et la complexité des données de cette section de chapitre, nous n'étudierons pas leur répartition selon les catégories d'âge et de revenu.

Opinions sur certaines politiques gouvernementales

Les politiques gouvernementales étudiées concernent le contrôle de la fécondité, le soutien au rôle maternel, la sécurité financière, la condition des femmes sur le marché du travail et l'éducation des adultes pour les femmes. Si toutes ne concernent pas spécifiquement les femmes au foyer, nous avons déjà démontré qu'elles influencent leurs conditions de vie et leur possibilité réelle de choix. Étant donné que le taux de non-réponses à ces questions est supérieur à 10%, nous calculerons tous les taux sur un total de 526 en les incluant: il peut s'agir dans certains cas de personnes qui n'ont pas d'opinion à l'égard d'une politique, catégorie non prévue dans nos réponses préétablies.

Deux politiques gouvernementales concernent directement la fé-condité des femmes: la législation sur l'avortement et les cliniques de planification familiale. En restreignant ou non l'avortement et ces cli-niques, l'État s'arroge ou non le pouvoir de contrôle de la fécondité des femmes. Qu'en pensent les répondantes?

TABLEAU 2

OPINIONS SUR LES INTERVENTIONS DE L'ÉTAT
CONCERNANT LA FÉCONDITÉ

Législation sur l'avortement	%	Cliniques de planification familiale	%
Elle est trop restrictive	15,6	Il n'y en a pas assez	29,2
Elle me convient	23,2	Il y en a suffisamment	20,5
Elle n'est pas assez restrictive	29,8	Il y en a trop	1,3
Je ne suis pas au courant	13,9	Je ne suis pas au courant	31,5
Non-réponse	17,5	Non-réponse	17,5
Total (526)	100,0	Total (526)	100,0

Soulignons d'abord le taux élevé de personnes n'étant pas au courant ou n'ayant pas répondu: dans le cas des cliniques de planification familiale, les deux catégories additionnées atteignent 49,0% et pour l'avortement, 31,4%. Cette absence d'intérêt ou ce manque d'opinion peuvent être en partie attribuables au fait qu'une portion importante des répondantes a déjà élevé sa famille ou a dépassé l'âge de la fécondité. Ajoutons à cela que l'indécision en ces matières est fort compréhensible: il s'agit de sujets très controversés. Notons que le taux particulièrement élevé de personnes n'étant pas au courant des cliniques de planification familiale est en partie explicable par leur nombre restreint en dehors des grands centres urbains. Quant aux opinions exprimées, les répondantes semblent beaucoup plus conservatrices à l'égard de la question de l'avortement que des cliniques de planification familiale: si 29,8% croient que la législation sur l'avortement n'est pas assez restrictive, seulement 1,3% pensent qu'il y a trop de cliniques de planification familiale.

Deux politiques de l'État peuvent apporter un soutien aux femmes dans l'accomplissement de leurs fonctions maternelles: les allocations familiales et les garderies. Ces efforts semblent-ils suffisants aux répondantes?

TABLEAU 3

OPINIONS SUR LES INTERVENTIONS DE L'ÉTAT CONCERNANT
L'ACCOMPLISSEMENT DU RÔLE MATERNEL

Allocations familiales	%	Garderies	%
Le montant est trop élevé	1,5	Il n'y en a pas assez	39,0
Le montant est assez élevé	24,2	Il y en a suffisamment	18,6
Le montant n'est pas assez élevé	51,0	Il y en a trop	5,3
Je ne suis pas au courant	11,4	Je ne suis pas au courant	24,6
Non-réponse	11,8	Non-réponse	12,5
Total (526)	100,0	Total (526)	100,0

Comme on pouvait s'y attendre, le pourcentage de personnes non au courant ou n'ayant pas répondu est moins élevé dans le cas des allocations familiales (23,2%) que dans le cas des garderies (37,1%). S'agissant ici encore de politiques concernant la maternité, plusieurs répondantes n'ayant pas d'enfants à la maison se retrouvent dans ces catégories. Ajoutons que les femmes au foyer n'ont pas accès aux dégrèvements fiscaux à propos des garderies. Ces deux éléments expliquent le taux élevé de personnes qui semblent non concernées par ce sujet. Quant aux opinions exprimées, la tendance conservatrice à propos de ces questions est négligeable: seulement 1,5% pensent que le montant des allocations familiales est trop élevé et 5,3% sont d'avis qu'il y a trop de garderies.

Nous avons déjà souligné l'absence de sécurité financière des femmes au foyer en ce qui a trait en particulier à la vieillesse ou en cas de divorce. Les femmes au foyer se sentent-elles protégées par l'État en ces matières?

TABLEAU 4

OPINIONS SUR LES INTERVENTIONS DE L'ÉTAT CONCERNANT
LA SÉCURITÉ FINANCIÈRE DES FEMMES

La sécurité de la vieillesse pour les femmes au foyer	%	La protection légale des femmes en cas de divorce	%
Elles ne sont pas assez protégées	59,4	Elles ne sont pas assez protégées	37,9
Elles sont assez protégées	10,9	Elles sont assez protégées	22,3
Elles sont trop protégées	1,0	Elles sont trop protégées	1,0
Je ne suis pas au courant	21,1	Je ne suis pas au courant	29,0
Non-réponse	7,6	Non-réponse	9,9
Total (526)	100,0	Total (526)	100,0

Le taux de personnes n'ayant pas répondu ou n'étant pas au courant est ici encore assez élevé: 28,7% se retrouvent dans ces catégories à propos de la sécurité de la vieillesse et 38,9% à propos de la protection en cas de divorce. La différence entre les deux taux s'explique probablement ainsi: toutes savent qu'elles seront vieilles un jour mais peu pensent à la possibilité du divorce. Parmi les opinions exprimées, il faut noter que très peu (1,0% dans les deux cas) croient que les femmes sont trop protégées. En fait, la majorité (59,4%) affirme que la protection des femmes au troisième âge n'est pas assurée et près de quatre répondantes sur dix pensent qu'elle n'est pas suffisante en cas de divorce.

Même si les femmes au foyer ne sont pas directement concernées par les conditions qui prévalent sur le marché du travail, ces conditions sont importantes pour déterminer leurs possibilités réelles de choix. Nous avons sélectionné deux aspects particuliers: l'égalité des chances dans l'emploi pour les femmes et les hommes, et les congés de maternité.

TABLEAU 5

OPINIONS SUR LES INTERVENTIONS DE L'ÉTAT
CONCERNANT LA SITUATION DES FEMMES SUR LE MARCHÉ DU TRAVAIL

L'égalité des chances dans l'emploi pour les femmes et les hommes	%	Les congés de maternité	%
Les femmes ont moins de chances que les hommes	47,9	Ils devraient être améliorés	30,6
Elles ont autant de chances	27,6	Ils sont suffisants	34,2
Elles ont plus de chances	3,2	Ils devraient être restreints	7,4
Je ne suis pas au courant	13,5	Je ne suis pas au courant	16,9
Non-réponse	7,8	Non-réponse	10,8
Total (526)	100,0	Total (526)	100,0

Même s'il s'agit du marché du travail, la proportion de personnes non au courant ou n'ayant pas répondu n'est pas plus élevée qu'à propos de sujets touchant directement les femmes au foyer. Un peu plus d'une répondante sur cinq (21,3%) se retrouve dans ces catégories à propos de l'égalité des chances en emploi. Quant aux congés de maternité, la proportion est d'un peu plus d'une répondante sur quatre (27,7%). Quant aux opinions exprimées, l'option conservatrice demeure très minoritaire quoique un peu plus élevée dans le cas des congés de maternité: 7,4% pensent que ces congés devraient être restreints alors que 3,2% seulement croient que les femmes ont plus de chances que les hommes sur le marché du travail.

Les programmes d'éducation des adultes offerts aux femmes constituent un autre sujet d'importance pour les femmes au foyer. Nous avons vu que plusieurs envisageraient de s'inscrire à de tels programmes, de plus les études peuvent être une étape importante dans la vie de celles qui souhaiteraient se réorienter. Ne pouvant aborder ici tous les aspects de cette question, nous nous sommes limitées à demander s'il y avait assez de programmes offerts aux femmes. Les réponses sont les suivantes:

• il n'y en a pas assez	30,4%
• il y en a assez	28,9%
• il y en a trop	1,3%
• je ne suis pas au courant	22,8%
• non-réponse	16,5%
Total (526)	100,0%

Le pourcentage de personnes qui ne sont pas au courant ou qui n'ont pas répondu à cette question est assez élevé (39,3%). Plusieurs ne se sentent apparemment pas concernées par ce sujet, ce qui va dans le sens de certains résultats du chapitre précédent. Ici encore, très peu pensent que les femmes sont trop avantagées par ces programmes (1,3%). En fait, les opinions exprimées penchent un peu plus en faveur de la réponse «il n'y en a pas assez» que de «il y en a assez», mais la différence est assez faible.

Une dernière question concerne les droits des femmes collaboratrices de leur mari dans une entreprise familiale. Certains droits ont été acquis grâce au travail acharné de l'AFEAS. Même si cette question ne touche pas directement les femmes au foyer à plein temps, nous verrons au dernier chapitre que beaucoup de femmes collaboratrices se considèrent comme des femmes au foyer: leur travail auprès de leur conjoint est à leurs yeux un prolongement de leur rôle d'épouse. Voyons les réponses obtenues:

• ils (les droits) ne sont pas assez reconnus	44,8%
• ils sont suffisamment reconnus	9,5%
• ils sont trop reconnus	0,2%
• je ne suis pas au courant	34,5%
• non-réponse	11,0%
Total (526)	100,0%

La proportion de personnes non au courant de cette question ou n'ayant pas répondu est particulièrement élevée et s'approche de la moitié (45,5%). Cependant les opinions exprimées se regroupent très largement autour de la réponse «les droits ne sont pas assez reconnus» (44,8%), presque personne (0,2%) n'exprime l'avis contraire. C'est dire qu'à ce propos, ou les femmes ne sont pas informées ou elles croient que les droits accordés ne sont pas suffisants. Comme cette situation n'est pas vécue par les répondantes, nous ne pouvons être surprises des résultats: ils devraient plutôt encourager à poursuivre la campagne d'information à ce sujet.

Si nous examinons globalement les réponses obtenues à propos des politiques gouvernementales, nous pouvons faire les commentaires suivants:

(*a*) *La proportion de personnes non au courant des politiques énumérées est assez importante.* Elle varie de 13,9% à propos de l'avortement à 34,5% à propos des droits des femmes collaboratrices. S'agit-il d'un manque d'intérêt des femmes au foyer à ce propos, d'un manque d'information de la part des gouvernements ou des professionnels (avocats, notaires, médecins, etc.)? Il faudrait se poser la question en reprenant un à un les sujets abordés.

(*b*) *La proportion de non-réponses est également assez élevée.* Elle va de 7,6% à propos de la sécurité de la vieillesse à 17,5% pour l'avortement et les cliniques de planification familiale. S'agit-il d'un manque d'intérêt ou d'information? Éprouve-t-on de la difficulté à se faire une opinion particulière sur certains sujets?

(*c*) *Parmi les opinions exprimées, l'option conservatrice est toujours négligeable, sauf à propos de l'avortement.* Par option conservatrice nous entendons une opinion qui semble nettement hostile à l'intervention de l'État dans ce domaine ou à la manière dont elle se fait, ou une position contraire aux revendications exprimées par les féministes.

(*d*) *Parmi les opinions exprimées, à part les questions de l'avortement et des congés de maternité, les répondantes sont plus nombreuses à demander une intervention accrue de l'État qu'à se contenter du statu quo.*

L'orientation générale souhaitée

Une fois cernée la perception des répondantes à l'égard de certaines politiques gouvernementales les concernant, voyons maintenant quelle orientation générale elles souhaiteraient voir prendre aux interventions étatiques. Un peu plus des deux tiers (68,8% sur un total de 490) voudraient qu'on donne aux femmes le choix entre demeurer au foyer et travailler à l'extérieur. Près de trois répondantes sur dix (29,3%) croient cependant que les femmes devraient être incitées à demeurer au foyer et seulement une sur cent (1,2%) pense qu'on devrait les inciter à travailler à l'extérieur. Enfin, très peu (0,6%) se sont prévalues de la catégorie «autre» prévue parmi les réponses. Bref, la majorité est en faveur du libre choix, mais une minorité importante pense que les femmes devraient demeurer au foyer.

Pour nous aider à préciser l'orientation politique des répondantes concernant la condition féminine, nous avons formulé six propositions décrivant certains aspects de la ségrégation des rôles selon les sexes. Pour nous, la conception traditionnelle de la condition féminine se caractérise par une croyance en une séparation stricte des rôles selon les sexes. Ainsi, selon cette conception, la place des femmes est à la maison, le travail ménager doit être assumé totalement par les femmes, la socialisation des filles doit être différente de celles des garçons et le pouvoir des femmes ne doit pas dépasser les murs de leur maison. De telles croyances mènent évidemment à des orientations politiques particulières. Jusqu'ici, nos résultats indiquent que cette conception est minoritaire parmi les répondantes. Il nous paraît nécessaire de le vérifier d'une façon directe car nos résultats précédents ne coïncident pas avec les idées reçues sur les femmes au foyer qui les présentent comme traditionnelles parce qu'elles ont choisi les rôles traditionnellement conférés aux femmes.

Nous venons de voir que la majorité est en faveur du libre choix des femmes entre le travail à la maison à plein temps et le travail à l'extérieur. Les répondantes vont-elles jusqu'à penser que les tâches ménagères ne sont pas nécessairement du seul ressort des femmes? Nous leur avons demandé jusqu'à quel point elles sont d'accord avec la proposition suivante: «Il est normal qu'un homme fasse sa part dans la cuisine»:

• totalement d'accord	51,6%
• plutôt d'accord	26,9%
• plus ou moins d'accord	15,5%
• plutôt en désaccord	4,1%
• totalement en désaccord	2,0%
Total (526)	100,0%

Ainsi, près de huit femmes sur dix (78,5%) croient en un certain partage des tâches ménagères.

Nous n'avons pas traité jusqu'ici de la question très importante de la socialisation des garçons et des filles. Nous avons laissé de côté l'origine familiale des répondantes et leurs conceptions de l'éducation des enfants. Comme il s'agit d'un aspect primordial de la condition féminine, nous l'avons abordé ici en formulant trois propositions:

TABLEAU 6

DEGRÉ D'ACCORD AVEC LA SOCIALISATION
DIFFÉRENTIELLE SELON LES SEXES

	Les filles et les garçons devraient aller aussi loin dans leurs études	Les filles devraient apprendre la mécanique	On doit laisser autant de liberté à une fille qu'à un garçon
Totalement d'accord	81,9%	23,7%	38,6%
Plutôt d'accord	11,7%	26,0%	24,4%
Plus ou moins d'accord	5,0%	36,9%	25,8%
Plutôt en désaccord	0,8%	8,4%	6,1%
Totalement en désaccord	0,6%	5,0%	5,0%
Total des répondantes	505	494	502

La majorité est d'accord avec les trois propositions: on ne croit donc pas en une conception de l'éducation où les garçons et les filles sont traités systématiquement de façon différente. Presque toutes les répondantes (93,6%) sont d'avis que les filles et les garçons devraient aller aussi loin dans leurs études. Un peu plus de six femmes sur dix (63,0%) croient qu'on devrait laisser autant de liberté à une fille qu'à un garçon. Par contre, la proportion se réduit à la moitié (49,7%) lorsqu'on va jusqu'à vouloir donner aux filles un apprentissage traditionnellement masculin comme la mécanique. Bref, à peu près personne ne souhaite limiter les ambitions des filles, mais l'accord est moindre lorsqu'on va jusqu'à souhaiter les mêmes apprentissages pour les garçons et les filles.

TABLEAU 7

DEGRÉ D'ACCORD AVEC LA NOTION DE POUVOIR DES FEMMES

	Le plus grand pouvoir pour une femme est celui qu'elle a à travers son conjoint	La femme qui s'engage en politique perd sa féminité
Totalement d'accord	21,5%	4,8%
Plutôt d'accord	16,0%	3,5%
Plus ou moins d'accord	26,2%	16,5%
Plutôt en désaccord	11,8%	21,2%
Totalement en désaccord	24,6%	53,9%
Total des répondantes	471	500

Selon la conception traditionnelle, le pouvoir des femmes s'exerce dans leur famille et la politique est un domaine masculin. Qu'en pensent les répondantes?

Si très peu s'accordent à définir la politique comme un domaine masculin (8,3%), près de quatre répondantes sur dix (37,5%) pensent que le plus grand pouvoir d'une femme est celui qu'elle a à travers son conjoint. Presque toutes verraient d'un œil favorable des femmes poser leur candidature politique mais une minorité importante croit qu'il s'agit là d'un pouvoir moins réel que leur influence familiale actuelle.

Bref, la majorité des répondantes expriment des opinions qui les éloignent de la conception traditionnelle de la condition féminine. Cependant, une minorité non négligeable semble promouvoir la ségrégation des rôles selon les sexes. Ces résultats confirment l'impression qui se dégage de leur position à l'égard des interventions de l'État. Ainsi, la majorité des répondantes optent pour une politique de libre choix des femmes et favorisent l'égalité des hommes et des femmes dans tous les secteurs: les tâches familiales, l'éducation, le milieu de travail et la vie politique.

CONCLUSIONS

Le travail au foyer contribue de façon importante au bien-être de la population et à l'économie. Ce travail ne se limite pas à l'entretien ménager, il comprend aussi tout ce qui a trait à l'accomplissement des rôles d'épouse et de mère. Il ne profite donc pas uniquement à la famille, mais aussi aux gens qui détiennent les leviers de l'économie et à la société tout entière.

Notre analyse des activités d'une journée des répondantes montre que le travail au foyer les occupe en moyenne 7,8 heures par jour. Même si ce travail n'est pas directement rémunéré et ne donne pas droit à des avantages sociaux, les femmes qui l'exercent le perçoivent dans l'ensemble de façon plutôt positive. Elles ont majoritairement le sentiment d'accomplir des tâches utiles à la société et de jouir en retour d'une certaine considération. Elles apprécient l'autonomie et les loisirs que leur permet leur situation, même si elles trouvent le travail ménager monotone. Leurs plus grandes sources de satisfaction proviennent de leurs relations familiales. Toutefois, moins de la moitié de ces femmes pensent qu'être au foyer les place dans la position la plus favorable à leur épanouissement personnel.

De toute évidence, elles semblent majoritairement satisfaites de leur sort. Comment concilier leurs perceptions avec les analyses précédentes qui montrent qu'elles donnent beaucoup plus qu'elles ne reçoivent? Il faut d'abord se rappeler que c'est ainsi qu'elles conçoivent leur rôle: se dévouer pour leur famille. Mais le chapitre sur leur situation financière nous a montré qu'elles vivent dans la dépendance et que leur avenir n'est pas assuré. Elles semblent peu sensibilisées à ces aspects de leur sort d'autant plus que leur vie actuelle ne les prépare pas à les affronter. Pourquoi s'inquiéteraient-elles lorsque leurs relations familiales sont harmonieuses? L'avenir leur semble si lointain et les malheurs n'arrivent qu'aux autres...

Nous pouvons dire qu'elles ne sont pas conscientes de leur situation économique sans trahir leurs perceptions. *Nous ne prétendons pas qu'elles sont malheureuses mais plutôt que la société exploite leur force de travail sans leur accorder les mêmes droits et avantages qu'aux autres travailleurs.* Affirmer cela, c'est aussi fixer des tâches à accomplir pour remédier à cette situation. De toute évidence, les groupes de femmes doivent poursuivre leurs efforts de sensibilisation. Mais c'est l'État qui détient les clés du pouvoir permettant de régler les injustices les plus criantes. Il intervient déjà dans le domaine dit «familial» et les répondantes ne sont pas opposées à de telles interventions. Car, c'est là un des aspects intéressants de notre analyse, malgré leur choix de vie considéré comme traditionnel, ces femmes ne croient pas en majorité à la conception traditionnelle de la condition féminine centrée sur la ségrégation des rôles. Elles veulent en majorité qu'on donne aux femmes la possibilité réelle de faire un choix personnel.

Chapitre 6

LA SANTÉ DES FEMMES AU FOYER

Nous avons voulu compléter le tableau de la situation des femmes au foyer par un court bilan de leur état de santé. Nous nous sommes interrogées sur les problèmes qu'elles éprouvent et sur leur fréquence, sur le nombre de consultations pour des raisons de santé et sur les types de professionnels auxquels elles s'adressent. De plus, nous avons voulu connaître certains aspects des soins qu'elles reçoivent: les interventions chirurgicales subies, les médicaments utilisés et le nombre d'examens radiologiques passés dans une année.

Nous obtenons ainsi un certain nombre de mesures descriptives de l'état de santé de ces femmes, de leurs habitudes de consommation des services médicaux et des traitements qu'elles reçoivent. Notre enquête ne nous permet pas de voir si ces éléments sont spécifiques aux femmes au foyer. Pour cela, nous aurions dû entreprendre une étude auprès d'un échantillon représentatif de femmes en emploi et en comparer les résultats avec les données obtenues auprès des femmes au foyer.

Il existe cependant une littérature importante sur la santé des femmes. Nous débuterons donc par un résumé de certains travaux déjà publiés. Cela nous aidera à éclairer et à compléter les données de notre enquête.

1. QUELQUES ÉLÉMENTS DE LA LITTÉRATURE
    SUR LA SANTÉ DES FEMMES

Avant d'examiner de plus près quelques travaux concernant la santé
des femmes au foyer, rappelons les faits les plus connus à propos de
l'ensemble des femmes. Nous utiliserons à cet effet les données d'une
enquête canadienne menée en 1978 et 1979[1] et quelques extraits d'un
document publié au Québec par le Conseil du statut de la femme[2].

La santé des femmes comparée à celle des hommes

Selon l'Enquête Santé Canada, les femmes présentent les caractéristiques
suivantes par rapport aux hommes:

- elles éprouvent plus souvent des malaises;
- elles consultent plus souvent des professionnels de la santé;
- elles utilisent plus souvent des médicaments;
- elles sont plus nombreuses à se sentir malheureuses.

Citons quelques chiffres. Parmi les personnes qui ont éprouvé
des ennuis de santé pendant les douze mois précédant l'enquête, les
femmes forment la majorité; 54,3% sont des femmes et 45,7% sont
des hommes. Pendant la période étudiée, une plus forte proportion de
femmes (13,2% d'entre elles) ont consulté un professionnel à propos
de leur santé: chez les hommes, la proportion est de 9,1%. De plus,
près de trois femmes sur quatre (27,6%) utilisaient des médicaments,
comparativement à un homme sur cinq (20,2%). Cette étude donne
en plus des renseignements intéressants sur la perception qu'ont les
gens de leur état affectif. On y trouve que les femmes canadiennes
sont plus nombreuses à se sentir malheureuses que les hommes:

> Les Canadiens heureux sont généralement de sexe masculin, mariés
> et âgés de 20 à 55 ans, vivent dans l'aisance et bénéficient d'une
> instruction poussée (...) Les Canadiens «malheureux» se recrutent
> surtout parmi les femmes, les adolescents et les vieillards, les
> personnes veuves, séparées ou divorcées. Ces gens disposent de
> revenus modestes et d'un niveau d'instruction inférieure[3].

Le document publié par le Conseil du statut de la femme brosse
un tableau assez semblable en insistant plus particulièrement sur la
façon dont les professionnels de la santé traitent les problèmes des

femmes. Voyons en particulier les interventions chirurgicales effectuées, les médicaments prescrits et les traitements psychiatriques donnés.

En 1978, les médecins ont pratiqué au Québec beaucoup plus d'interventions chirurgicales sur les femmes que sur les hommes: le chiffre est de 296 823 pour les premières et de 166 793 pour les seconds. La différence est attribuable aux interventions pratiquées en gynécologie et en obstétrique: si nous excluons ces dernières, le total s'abaisse à 143 773 pour les femmes[4]. Cela paraît à première vue tout à fait normal, mais de nombreuses études démontrent qu'il ne s'agit pas toujours d'interventions justifiées. Les auteures signalent en particulier le cas de l'hystérectomie: «En Saskatchewan, en 1972, un comité de surveillance des hystérectomies a été mis sur pied par le Collège des médecins. (…) Le comité évalua que 31,6% des hystérectomies étaient injustifiées[5].» Notons également que l'obstétrique est l'enjeu d'un débat important, tant dans les milieux médicaux que féministes. Plusieurs s'inquiètent de son taux croissant d'interventions (en particulier de la césarienne) et dénoncent le fait que des procédures d'exception conçues pour des accouchements difficiles sont maintenant employées de façon courante dans des cas normaux.

Nous avons déjà mentionné que les femmes consomment plus de médicaments que les hommes. De nombreux travaux démontrent que les psychotropes et les hormones forment une part importante de cette consommation. Pourquoi les femmes se font-elles prescrire plus de psychotropes? S'il est vrai qu'elles éprouvent plus de malaises et consultent plus souvent que les hommes, nous pouvons douter que ce type de médicaments règle leurs problèmes. Quant aux hormones, elles sont surtout prescrites sous forme de contraceptifs oraux, pour régler des problèmes gynécologiques ou pour des troubles survenant à la ménopause. Elles ne sont pas sans danger: ici encore, il existe une documentation abondante sur la question.

Enfin, comme on pouvait s'y attendre, les femmes reçoivent plus de traitements psychiatriques que les hommes: au Québec, ces traitements ont touché 66,9% de femmes et 33,1% d'hommes en 1978. Par contre, les hospitalisations psychiatriques ont été pratiquement égales, pour la même année. Les diagnostics posés ont cependant varié selon le sexe: «les plus fréquents pour les hommes ont été l'alcoolisme (5440) suivi de loin par la dépression (1523) et la névrose d'angoisse (1523). Du côté des femmes, les diagnostics qui sont revenus le plus souvent sont la dépression (3814) suivi de la névrose d'angoisse (1929)[6]».

Toutes ces données révèlent qu'il y a à la fois surconsommation des services médicaux de la part des femmes et un phénomène de médicalisation de leur vie. Cela ne peut uniquement être expliqué par l'attitude des médecins qui, comme on le sait, sont très majoritairement de sexe masculin. Les études montrent que les femmes éprouvent plus souvent des problèmes et consultent plus souvent que les hommes à ce propos. Nous n'en concluons pas que leur santé est nécessairement moins bonne (en fait, elles ont une espérance de vie plus longue que les hommes), mais que leur situation sociale occasionne des maux qui sont traités trop souvent de façon médicale autant par elles-mêmes que par les professionnels de la santé.

Certains auteurs croient que les femmes perçoivent plus facilement leurs malaises parce qu'elles sont plus attentives à leur corps et parce que la définition sociale de leur rôle le leur permet. Chez les hommes, cette tendance serait réprimée. Néanmoins, la fonction reproductrice des femmes donne lieu à un contrôle médical assez poussé qui n'est pas toujours justifié. La contraception est largement entre les mains des médecins et ces derniers semblent avoir oublié que la grossesse et l'accouchement sont des processus normaux et non des maladies.

La santé des femmes au foyer

Si nous nous penchons maintenant sur les études portant en tout ou en partie sur les femmes au foyer, nous constatons que:

- les femmes au foyer présentent plus de problèmes de santé physique et mentale que les femmes en emploi;
- le travail au foyer comporte plusieurs facteurs de stress;
- le travail au foyer se fait dans un environnement qui présente des risques, utilise des produits qui peuvent être toxiques et comporte des risques d'accident.

L'enquête déjà citée sur la santé des Canadiens montre aussi que *les femmes au foyer ont plus fréquemment des problèmes de santé et perdent un plus grand nombre de journées de travail pour des raisons de santé* lorsque nous les comparons aux femmes en emploi ou à l'ensemble de la population active. Au moment de l'étude, 72,2% des personnes au foyer (presque toutes des femmes et excluant les étudiants et chômeurs) éprouvaient au moins un problème de santé, comparativement à 55,1% des personnes en emploi[7]. Les personnes au foyer présentaient un peu plus souvent que les travailleurs rémunérés les maux suivants:

- troubles mentaux: 5,2% des problèmes exprimés par les femmes au foyer contre 2,9% des problèmes exprimés par les travailleurs;
- troubles de la thyroïde: 2,0% contre 1,0%;
- anémie: 2,9% contre 1,1%;
- troubles de la vision: 5,3% contre 4,3%;
- hypertension: 8,5% contre 5,5%;
- affections cardiaques: 3,3% contre 2,3%;
- arthrite et rhumatisme: 13,4% contre 8,3%.

Lorsqu'on établit un devis des journées d'incapacité de travail pour raisons de santé, on s'aperçoit, toujours selon les données de l'enquête Santé Canada, du phénomène suivant: les femmes au foyer perdraient en moyenne 12,8 jours de travail en raison d'incapacité, à comparer à 5,8 jours annuels pour les femmes en emploi et 3,5 jours annuels pour les hommes en emploi.

Les études sur la santé mentale des femmes au foyer sont très nombreuses et vont toutes dans le même sens. Une excellente revue de la littérature sur le sujet en brosse un tableau convaincant:

Généralement, les résultats démontrent que les femmes mariées en emploi se portent mieux émotionnellement que les femmes au foyer selon de nombreux indicateurs de l'état affectif. Les femmes mariées en emploi témoignent d'une plus grande satisfaction à l'égard de leur vie (…), démontrent une plus grande acceptation de soi (…) et présentent moins de symptômes psychiatriques (…) lorsque nous les comparons aux femmes au foyer. Radloff (…) a prouvé que les femmes au foyer étaient de façon significative plus déprimées que les femmes en emploi, en contrôlant ses résultats par le bonheur éprouvé au travail et dans le mariage. Cependant en ce qui a trait aux symptômes de stress, les femmes en emploi éprouvaient quotidiennement plus de stress que les femmes au foyer[8].

Une étude américaine[9] sur la santé des femmes au travail fait remarquer que *le travail au foyer comporte plusieurs facteurs de stress* qui le rapprochent de la situation vécue dans les emplois les moins satisfaisants. Selon l'auteure, les facteurs suivants concourent à l'insatisfaction à l'égard d'une tâche:

- une tâche qui sous-emploie les habiletés d'une personne, en particulier les tâches répétitives;

- une tâche qui ne correspond pas aux qualifications ou aux attentes des travailleurs;
- l'absence de contrôle sur les conditions de l'emploi ou sur les tâches à accomplir;
- la surcharge de responsabilités, en particulier lorsqu'elles touchent le bien-être ou la surveillance d'êtres humains;
- l'absence ou l'insuffisance de récompenses monétaires ou psychologiques;
- la surcharge de travail ou la nécessité de se conformer à des échéances.

Le travail au foyer comporte plusieurs de ces caractéristiques et, à ce titre, est générateur de stress. Voyons enfin les *risques du travail au foyer*. Une autre étude américaine[10] en dénombre trois sources: 1) les produits de nettoyage de la maison; 2) l'environnement de travail et son équipement; 3) les accidents. Elle souligne que la plupart des foyers utilisent en moyenne 250 produits chimiques pour le nettoyage. Certains d'entre eux constituent des dangers particuliers pour les enfants: dans certains cas, il leur suffit d'ingérer une dose infime pour les mener à l'hôpital. Mais, même les produits les plus courants peuvent s'avérer dangereux pour tout le monde et, en particulier, pour la ménagère qui en est la principale utilisatrice.

De plus, l'environnement de la maison, sa construction et l'équipement de travail présentent de nombreux risques. L'auteure signale en particulier les dangers du chlorure de vinyle utilisé dans la fabrication de nombreux produits de plastique qu'on trouve partout dans la maison: il serait responsable de maux multiples dont le cancer. Elle dénonce également les insecticides utilisés dans la maison et le jardin dont plusieurs ont des effets potentiels très graves. Restent enfin tous les matériaux de construction et d'isolation qui contribuent à la pollution interne. Les ménagères ne sont pas les seules affectées, mais comme elles sont à la maison la plupart du temps, elles y sont exposées plus longtemps.

Quant aux risques d'accidents, l'auteure insiste sur les dangers d'incendie, des planchers trop bien cirés et des portes vitrées. Nous pourrions y ajouter les blessures occasionnées par les ustensiles de cuisine ou les chutes, les brûlures en préparant les repas, etc.

Comme nous pouvons le constater, il existe des études intéressantes sur le sujet, mais il est difficile de faire le lien entre les données et surtout de les interpréter. Les différences constatées sont-elles dues à des caractéristiques particulières aux groupes comparés comme l'âge, la charge familiale, le niveau d'instruction ou de revenu, ou sont-elles attribuables au fait que le marché du travail sélectionne des gens en meilleure santé? Doivent-elles être attribuées au statut conféré par le travail rémunéré: le milieu de travail protégerait la santé en fournissant un statut, en permettant d'établir un réseau social et des contacts, en offrant une forme de valorisation? Ou encore doit-on dire que le travail au foyer en lui-même présente des caractéristiques qui nuisent à la santé de ceux qui l'accomplissent? Aucune étude actuelle ne permet de répondre à ces questions.

2.   LES SYMTÔMES ÉPROUVÉS PAR LES RÉPONDANTES

Nous avons demandé la fréquence à laquelle les répondantes éprouvaient chacun des symptômes suivants: mal de dos, mal de reins, raideur dans les articulations, mal de tête, nervosité, fatigue, angoisse, dépression, insomnie, affections gynécologiques et allergies. Bien que ces maux ne décrivent pas tous les problèmes que ces femmes peuvent éprouver, ils représentent un ensemble de symptômes assez courants et parmi les plus importants. Cette liste a de plus l'avantage de présenter diverses facettes des problèmes mentaux qui, selon notre revue de la littérature, devraient être assez fréquents dans notre échantillon.

Les répondantes devaient indiquer une fréquence pour chacun des symptômes énumérés sur une échelle de cinq points, allant de «très souvent» à «jamais». Notons que les taux de «non-réponses» sont assez élevés, ils varient de 12,0% à 18,4%. En général, ils semblent dus au fait que certaines personnes avaient tendance à ne répondre que lorsque le problème les affectait. Plutôt que de surévaluer la fréquence des problèmes, nous avons préféré inclure les «non-réponses» dans les pourcentages.

Le tableau de la page suivante révèle la fréquence d'apparition de chacun des symptômes suggérés.

Ainsi, la fatigue et la nervosité affectent très ou assez souvent respectivement 38,1% et 31,2% des répondantes; le mal de dos et le mal de tête sont ressentis très ou assez souvent par 24% d'entre elles; un troisième groupe de symptômes affecte 16 à 18% d'entre elles très ou assez souvent, soit la raideur dans les articulations, l'insomnie, l'angoisse et le mal de reins; enfin, de 6 à 7% ressentent très ou assez souvent de la dépression, des problèmes gynécologiques ou des allergies.

TABLEAU 1

FRÉQUENCE DE CERTAINS SYMPTÔMES (% des 526 répondantes)

Symptômes	Très ou assez souvent	De temps en temps	Rarement ou jamais	Non-réponse
1. Mal de dos	24,8	23,8	37,3	14,2
2. Mal de reins	16,8	19,6	46,1	17,4
3. Raideur dans les articulations	19,4	17,7	48,0	14,9
4. Mal de tête	24,2	26,5	36,3	13,0
5. Nervosité	31,2	27,6	28,6	12,6
6. Fatigue	38,1	35,5	14,3	12,1
7. Angoisse	18,0	22,0	44,1	15,8
8. Dépression	6,1	9,9	65,9	18,2
9. Insomnie	19,3	16,9	50,1	13,8
10. Affections gynécologiques	7,1	6,1	68,5	18,4
11. Allergies	7,2	10,9	66,4	15,6

Il est assez difficile de juger si ces fréquences sont élevées ou non, car les symptômes diffèrent selon leur gravité. Il est normal que la fatigue, le mal de tête ou la nervosité soient plus fréquents que l'angoisse ou la dépression, phénomènes beaucoup plus graves. Nous manquons de base de comparaison pour voir si nos répondantes éprouvent ces symptômes plus souvent que d'autres groupes.

L'insomnie, la fatigue, le mal de tête, la raideur dans les articulations varient selon les catégories d'âge. À part le mal de tête, la relation laisse généralement apparaître soit une croissance des proportions de répondantes éprouvant le symptôme très ou assez souvent à mesure que s'élève l'âge, soit une proportion plus grande de répondantes de 65 ans et plus qui éprouvent un symptôme très ou assez souvent. Ce dernier phénomène se retrouve également pour certains autres symptômes, mais pas de façon suffisamment marquée pour laisser apparaître un lien statistique significatif. Quant à la variation selon les catégories de revenus, elle laisse toujours apparaître, lorsqu'elle se manifeste, une plus forte proportion de symptômes éprouvés très ou assez souvent parmi les répondantes disposant d'un revenu familial annuel inférieur à 10 000$; elle se manifeste pour l'insomnie, la fatigue et le mal de reins.

Bref, certains symptômes s'accroissent à mesure que s'élève l'âge, alors que d'autres se manifestent de façon particulière parmi les personnes les plus pauvres. Cette variation va dans le sens de celles trouvées dans l'Enquête Santé Canada pour l'ensemble de la population: «Les taux de fréquence des maladies grimpent suivant une progression quasi géométrique chez les personnes d'âge mûr et les vieillards (…) Il ressort clairement que les personnes peu instruites, appartenant aux couches socio-économiques défavorisées, jouissent en général d'une moins bonne santé que les gens plus fortunés et instruits[11].»

3. LA CONSULTATION DES PROFESSIONNELS DE LA SANTÉ

Nous avons voulu savoir si les répondantes consultent souvent des professionnels de la santé, et qui elles consultent. De plus, étant donné l'importance de la prévention dans ce domaine, nous leur avons demandé si elles avaient passé un examen gynécologique complet au cours des douze derniers mois.

Voyons d'abord le nombre de consultations à propos de leur santé durant les douze mois précédant l'enquête:

aucune fois	8,9%
une fois	15,8%
deux fois	15,6%
trois fois	11,5%
quatre fois	10,3%
cinq ou six fois	15,3%
sept ou huit fois	5,8%
neuf fois ou plus	16,8%
Total (495)	100,0%

Ainsi, un peu moins d'une femme sur dix (8,9%) n'a consulté personne, un peu plus de trois répondantes sur dix (31,4%) ont consulté une ou deux fois; un peu plus de deux répondantes sur dix (21,8%) l'ont fait trois ou quatre fois. C'est dire qu'un peu moins de quatre personnes sur dix l'ont fait plus de quatre fois: cela nous semble une proportion assez élevée, mais, ne pouvant distinguer le nombre de fois selon le genre de professionnel consulté, nous ne pouvons effectuer de comparaisons avec les données de l'Enquête Santé Canada à ce propos. La fréquence des consultations varie peu selon les catégories d'âge ou de revenu.

Quel type de professionnels ont été consultés au cours de la même période? Comme certaines en ont consulté plus d'un, le total est calculé sur le nombre de professionnels mentionnés et non sur le nombre de répondantes:

- médecin généraliste   54,0%
- dentiste ou denturologue   19,7%
- gynécologue   7,5%
- chiropraticien   4,1%
- psychologue, psychiatre   1,7%
- chirurgien   1,7%
- divers autres médecins spécialistes   11,2%
- Total (689)   100,0%

Si nous nous rappelons que certains problèmes mentaux comme la nervosité (31,2%), le mal de tête (24,2%), l'insomnie (19,3%) ou l'angoisse (18,0%) touchent bon nombre de répondantes très ou assez souvent, il nous faut conclure que, lorsqu'elles consultent à ce sujet, elles ne s'adressent pas à un psychologue ou un psychiatre (seulement 12 l'ont fait), mais semble-t-il le plus souvent à un généraliste. Étant donné la concentration des réponses dans deux catégories, nous avons jugé inutile d'étudier leur dispersion selon l'âge des personnes ou leur niveau de revenu familial.

Les répondantes présentent en général peu de problèmes gyné-cologiques: 68,5% en ont rarement ou jamais, seulement 7,1% en ont très ou assez souvent et 6,1% de temps en temps; 18,4% se sont abstenues de répondre. Comme la prévention est assez importante dans ce domaine, la consultation ne devrait donc pas intervenir uniquement lorsque des symptômes sont ressentis. De fait, la proportion de femmes qui ont passé un examen gynécologique complet au cours des douze derniers mois dépasse la proportion de celles qui ont des affections de cet ordre: 50,9% ont passé cet examen et 49,1% ne l'ont pas fait, sur un total de 508 réponses. Ce pourcentage n'est cependant pas élevé au point d'affirmer que la prévention en gynécologie est passée dans les mœurs.

Le fait d'avoir subi ou non un examen gynécologique varie selon les catégories d'âge: plus les femmes avancent en âge, moins elles passent un tel examen. Ainsi, sept personnes de moins de 35 ans sur dix (70,7%) l'ont subi, la proportion est de six personnes sur dix (60%) entre 35 et 44 ans, elle s'abaisse à cinq personnes sur dix (51,3%) entre 45 et 54 ans; à partir de 55 ans, la proportion est de 35%. Ces résultats ne peuvent étonner puisqu'ils correspondent à la baisse de la fécondité. Mais les affections gynécologiques ne se limitent pas à celles occasionnées par la fécondité: les taux constatés après 55 ans ne sont pas nécessairement justifiés par une meilleure santé.

4.   LES SOINS REÇUS

Nous disposons de trois types de renseignements sur les soins médicaux reçus par les répondantes. Nous savons quels médicaments elles ont utilisé au cours des douze derniers mois, le nombre et la nature des interventions chirurgicales déjà subies au cours de leur vie et le nombre d'examens radiologiques passés dans l'année. Nous aurons ainsi une idée de la façon dont sont traités leurs ennuis de santé.

Les médicaments

Au cours de l'année précédant l'enquête, seulement une répondante sur quatre (24,5%) n'a utilisé aucun médicament. Nous leur avons demandé si elles avaient pris ou non chacun des types de médicaments suivants: antibiotique, tranquillisant, somnifère, antidépresseur, vitamine ou anovulant. Elles devaient signaler en plus tout autre type non énuméré. Nous savons donc quel pourcentage de femmes ont pris chaque type de médicament. Comme certaines en ont utilisé plus d'un, le total est supérieur à 100,0%:

- antibiotique   32,7%
- tranquillisant   18,7%
- somnifère   15,4%
- antidépresseur   5,1%
- vitamine   38,9%
- anovulant   7,3%
- autres   8,5%

Une première constatation s'impose: le recours aux médicaments est une habitude largement répandue dans notre échantillon, comme il l'est d'ailleurs dans la population canadienne en général. À titre d'exemple, citons encore quelques données de l'Enquête Santé Canada. Au cours des deux jours précédant l'entrevue réalisée, seulement 39,6% des femmes de 20 ans et plus n'avaient pris aucun médicament, comparativement à 58,6% des hommes[12]. Ces données ne sont pas directement comparables aux nôtres, car la période couverte par notre question est de douze mois. Elles confirment par contre le fort recours aux médicaments chez les femmes. Nous ne savons pas cependant si cette tendance est plus marquée chez les femmes au foyer que chez celles en emploi.

Si nous considérons les tranquillisants, somnifères et antidépresseurs comme un même groupe de médicaments agissant sur le système nerveux, nous arrivons à un total de 29,5% des répondantes qui ont pris l'un ou l'autre ou plusieurs de ces types de médicaments (nous ne pouvons additionner purement et simplement les pourcentages d'utilisation de chacun, car certaines répondantes ont utilisé plus d'un type de médicament). Étant donné que les problèmes mentaux (nervosité: 31,2% très ou assez souvent; insomnie: 19,3%; angoisse: 18,0%) affectent une proportion non négligeable des répondantes, nous ne pouvons nous étonner du fait que 29,5% ont utilisé au cours des douze derniers mois de tels types de médicaments. Mais nous pouvons nous demander si ce n'est pas là le seul traitement reçu ou auto-administré pour régler ces problèmes.

La prise importante de vitamines (38,9%) est probablement en grande partie un phénomène d'automédication, l'Enquête Santé Canada ayant révélé que 63,1% des vitamines consommées par les femmes canadiennes l'avaient été sans l'avis d'un médecin, ce qui n'est pas le cas pour les tranquillisants ou somnifères où ce phénomène ne se retrouve que dans 2,1% des cas[13].

Enfin, dernier fait à signaler, la faible utilisation des anovulants par les répondantes (7,3%). Il faut évidemment ajuster ce pourcentage en le calculant sur le total des femmes en âge de les utiliser, soit les moins de 45 ans ou 216 personnes. Comme 36 répondantes ont utilisé des anovulants, nous arrivons à un pourcentage de 16,7%.

Nous n'avons pas voulu alourdir l'analyse en étudiant en détail la répartition de l'utilisation de chacun des types de médicaments selon les catégories d'âge et de revenu. Nous avons plutôt choisi de porter notre attention sur deux points: la répartition de l'utilisation ou de la non-utilisation de médicaments en général et de médicaments du système nerveux. Voyons d'abord les résultats selon l'âge d'après le tableau.

Le fait d'avoir pris ou non des médicaments au cours des douze derniers mois varie nettement moins selon l'âge que l'utilisation de médicaments du système nerveux. Si seulement 14,5% des plus jeunes ont pris un tel type de médicaments, la proportion s'élève à près du quart (24,2%) parmi les personnes âgées de 35 à 44 ans. Cette proportion augmente encore (36,4%) entre 45 et 54 ans et se maintient au même niveau (35,0%) entre 55 et 64 ans. Parmi les répondantes âgées de 65

TABLEAU 2

MÉDICAMENTS UTILISÉS AU COURS DES DOUZE DERNIERS MOIS
SELON LES GROUPES D'ÂGES

Groupes d'âges	Aucun médicament	Médicaments du système nerveux (seul ou avec d'autres type de médicaments)	Autres médicaments (à l'exclusion des médicaments du système nerveux)	Total des répondantes
20 à 34 ans	21,0%	14,5%	64,5%	139
35 à 44 ans	0,5%	24,2%	45,3%	69
45 à 54 ans	24,5%	36,4%	39,1%	71
65 à 64 ans	25,0%	35,0%	40,0%	141
65 ans et plus	22,4%	46,9%	30,6%	69

ans ou plus, le phénomène devient alarmant, car la proportion approche de la moitié (46,9%). Est-ce ainsi qu'on tente de régler les problèmes des personnes âgées dans notre société? *Pourquoi les femmes prennent-elles tant de médicaments du système nerveux et surtout pourquoi leur en prescrit-on autant?* Comme le souligne une excellente étude québécoise sur le sujet, ce comportement manque son but et se trompe d'objectif:

> Se définir comme malade, sans qu'il y ait de véritable maladie, est l'expression d'une impuissance sociale et personnelle. Et cette tactique ne peut qu'échouer parce qu'elle n'est qu'un palliatif, une réponse piégée. Si elle inhibe, chez ces femmes, des états émotionnels déplaisants, la médication ne modifie en rien les conditions environnementales qui ont contribué à l'apparition de ces états. (…) Dans de telles circonstances, pour que les changements induits par la médication soient persistants, il faudrait une intervention au niveau des causes, c'est-à-dire une modification des conditions de vie de ces femmes et un apprentissage d'habiletés nouvelles[14].

Nous ne pouvons nous étonner de constater, de plus, que les femmes les plus pauvres et disposant d'un revenu familial inférieur à 10 000$ se distinguent par une plus forte utilisation de médicaments du système nerveux: près de quatre d'entre elles sur dix (38,0%) en prennent comparativement à des proportions allant de 29,8% à 23,2% parmi les autres catégories de revenu.

Les interventions chirurgicales

Nous connaissons le nombre et la nature des interventions chirurgicales
subies par les répondantes au cours de leur vie.
Voyons d'abord le nombre:

• aucune intervention	34,6%
• une intervention	34,1%
• deux interventions	16,6%
• trois interventions	9,8%
• quatre interventions	3,3%
• plus de quatre	1,6%
Total (511)	100,0%

Ainsi, seulement environ le tiers (34,6%) des répondantes n'ont
jamais subi d'intervention chirurgicale. Si nous en étudions la répartition
selon les catégories d'âge et de revenu familial, le seul fait marquant
est la plus forte proportion des plus jeunes à n'en avoir jamais subi:
un peu plus de la moitié (51,4%) des femmes de moins de 35 ans sont
dans ce cas alors que la proportion varie de 22,7% à 31,5% parmi les
personnes plus âgées.
Voyons maintenant quelles interventions ont été pratiquées. Remarquons que les catégories formées à partir des réponses sont souvent
purement descriptives et n'indiquent pas le degré de gravité: nous ne
connaissons dans certains cas que le lieu et non le type de l'intervention.
Les résultats sont les suivants:

• Ablation de l'utérus ou de trompes ou d'ovaires	20,6%
• Ablation de la vésicule biliaire	18,5%
• Ablation de l'appendice	13,4%
• Opérations à la gorge (y compris amygdales)	11,0%
• Ligature des trompes	8,9%
• Opérations aux membres supérieurs ou inférieurs	6,7%
• Ablation d'un kyste	5,5%
• Opérations des yeux, ou nez, oreilles, sinus	4,3%
• Opérations de la vessie ou des reins	3,7%
• Césarienne	3,5%
• Curetage	2,4%

- Opération aux seins   2,2%
- Opérations du rectum ou pour
  hémorroïdes   1,8%
- Opérations de l'estomac, de
  l'intestin ou de la rate   1,6%
- Chirurgie cardiaque   1,2%
- Opérations de la colonne vertébrale   1,0%
- Chirurgie esthétique   0,8%
- Opération d'un abcès   0,8%

Chaque pourcentage est calculé sur le total des répondantes à la question, c'est-à-dire 511. Nous obtenons donc pour chaque type d'intervention la proportion des répondantes qui l'ont subie.

Les interventions les plus fréquentes parmi les répondantes sont l'ablation de l'utérus, d'ovaires ou de trompes (20,6%) et l'ablation de la vésicule biliaire (18,5%). Suivent l'ablation de l'appendice (13,4%) et les opérations à la gorge (11,0%). Les autres types d'opération ont tous été subis par moins de 10% des répondantes.

Nous ne disposons pas de données comparables. Remarquons que les interventions en cours d'accouchement mentionnées se limitent à la césarienne : les femmes ne considèrent donc pas l'épisiotomie comme un acte chirurgical.

Les examens radiologiques

Bien que la radiographie soit un procédé diagnostique moins fréquent que le recours aux examens de laboratoire, il nous a semblé utile d'avoir une idée de son importance parmi les répondantes. Beaucoup de critiques du système de santé croient qu'on recourt trop souvent à une radiographie au lieu de se fier à l'histoire du cas ou à l'examen clinique. Il arrive qu'on en prenne seulement pour se faire une idée de l'état d'un patient qui ne présente pas de symptômes morbides lors d'un examen de routine chez le dentiste ou chez le médecin généraliste (radiographie des poumons en particulier). Ces pratiques sont dénoncées en raison de l'effet cumulatif des radiations reçues lors de tels examens.

Un peu plus de la moitié des répondantes (53,9% sur un total de 497) n'ont passé aucun examen radiologique au cours des douze mois précédant l'enquête. Le nombre d'examens parmi les autres (46,1%) se départage ainsi: 20,1% en ont passé un seul; 14,5% en ont passé deux; 5,8% en ont passé trois et 5,6% en ont passé quatre ou plus.

Nous ne disposons pas de données comparables nous permettant de voir si les répondantes ont eu plus d'examens que d'autres catégories de personnes.

Le fait d'avoir subi ou non un examen radiologique varie peu selon les catégories d'âge. Par contre il varie selon le niveau de revenu familial de la façon suivante : parmi les personnes disposant d'un revenu familial annuel inférieur à 10 000$, on trouve une proportion plus faible de répondantes n'ayant subi aucun examen radiologique et une proportion plus forte qui en ont subi trois ou plus que parmi les autres tranches de revenu.

CONCLUSIONS

Les données de notre enquête, faute de données comparables, ne nous indiquent pas si les problèmes de santé des répondantes leur sont spécifiques ou s'ils se rapprochent de ceux éprouvés par les femmes en emploi. Cependant certaines études démontrent une plus forte prévalence de problèmes de santé parmi les femmes au foyer. Si nos données ne nous permettent pas de nous prononcer là-dessus, elles nous permettent cependant de dresser un tableau de la fréquence de plusieurs symptômes chez les femmes au foyer, de certaines de leurs habitudes de consommation des services médicaux et des traitements qu'elles reçoivent.

Il est difficile de conclure, en l'absence de possibilité de comparaison avec d'autres groupes. Nous pouvons cependant poser les jalons suivants d'une analyse qui reste à poursuivre :

- les problèmes mentaux semblent assez importants dans cette population, il faudrait examiner de plus près leur nature et leur fréquence;
- nous avons peu exploré les symptômes physiques, le travail ménager occasionne certains types de problèmes (utilisation de détergents, station verticale prolongé, etc.) qui restent à définir;
- ces femmes semblent consommer les services médicaux de façon importante; il faudrait voir si elles sonnent à la bonne porte et si c'est bien de services médicaux qu'elles ont besoin;
- les données sur les traitements (interventions chirurgicales, utilisation de médicaments du système nerveux, radiographies) laissent entrevoir un recours assez fréquent à des procédés qui ne sont pas sans risque pour la santé de ces femmes;

• deux groupes semblent avoir des problèmes de santé particuliers et faire l'objet d'interventions plus lourdes: les personnes de 65 ans et plus et celles disposant d'un revenu familial annuel inférieur à 10 000$.

Chapitre 7

LES FEMMES AU FOYER
QUI TRAVAILLENT À TEMPS PARTIEL

Comme nous l'avons mentionné dans l'introduction, parmi les 693 questionnaires complétés, 167 provenaient de femmes exerçant certaines activités supplémentaires au travail au foyer. Bon nombre de ces femmes occupent un emploi rémunéré à temps partiel, à l'extérieur ou à domicile, d'autres collaborent avec leur mari dans une entreprise familiale.

Nous les avons exclues de notre analyse des chapitres précédents, car notre procédé d'échantillonnage n'était pas conçu pour assurer la représentativité de cette catégorie de femmes. Nous avons décidé d'examiner les données sur leur situation dans un chapitre à part.

Comment expliquer que certaines femmes exerçant des activités rémunérées ou comme collaboratrices de leur conjoint se définissent comme des femmes au foyer? Penney Kome, dans une enquête auprès des lectrices du magazine canadien *Madame au foyer* a remarqué le même phénomène: «69% des répondantes s'identifiaient comme ménagères à plein temps et 31% comme à temps partiel à la maison, mais en réponse à une autre question, seulement 56% ont dit qu'elles ne travaillaient pas à l'extérieur et 43% ont révélé qu'elles travaillaient aussi à l'extérieur[1]».

C'est dire qu'une certaine proportion de femmes qui exercent une activité rémunérée se considèrent avant tout comme des femmes au foyer. C'est ce qui explique qu'un certain nombre de ces cas se retrouvent parmi les répondantes. Il serait logique de considérer comme des femmes au foyer celles qui travaillent à temps partiel, à domicile ou à l'extérieur ou en collaboration avec leur mari, car elles accomplissent aussi du travail au foyer. Mais selon les statistiques officielles ces personnes se retrouvent parmi la population active. De plus, toutes les personnes dans cette situation ne se considèrent pas comme des femmes au foyer. Le critère d'appartenance en de tels cas devient purement subjectif.

D'une part, le travail au foyer étant généralement le lot des femmes, toutes l'exécutent donc à un moment donné. La différence réside dans le nombre d'heures consacrées à ces fonctions. Le fait que des personnes exerçant aussi d'autres activités aient pris le temps de répondre à un questionnaire s'adressant aux femmes au foyer nous démontre qu'elles se considèrent d'abord et avant tout comme des femmes au foyer.

D'autre part, comme le travail à temps partiel est souvent un travail temporaire ou saisonnier, celui-ci ne semble pas assez important aux yeux de ces femmes au point de les amener à s'identifier selon leur statut d'emploi. Elles continuent donc à se présenter selon leurs fonctions principales: femmes au foyer. Dans le cas des femmes col-laboratrices du mari, leurs occupations sont souvent jugées comme faisant partie de leur rôle d'épouse. Elles travaillent pour l'avancement de l'entreprise et le bien-être de la famille et la plupart ne sont pas rémunérées pour ce travail.

En somme, il n'est pas du tout étonnant de recueillir parmi les répondantes un certain nombre de femmes occupant simultanément d'autres fonctions à temps partiel.

Nous croyons important de faire une brève étude de la situation de cette catégorie de personnes même si ce groupe n'est pas représentatif des Québécoises travaillant à temps partiel. Nous l'avons dit, nous ne pouvons parler de représentativité puisque le processus de sélection de l'échantillon n'était pas conçu à cette fin. De même, nous ne pouvons faire une analyse complète, car le questionnaire n'était pas préparé pour obtenir les éléments spécifiques à leur situation. C'est pourquoi nous parlons d'une brève étude.

Il ne s'agit pas de reprendre tous les éléments des chapitres précé-dents en les appliquant à cette partie de l'échantillon. Sans nous attarder plus qu'il ne faut, nous nous arrêterons à certaines des caractéristiques personnelles de ces femmes en emploi et à celles de leur occupation. Ensuite nous étudierons divers aspects légaux et financiers de leur situation matrimoniale et quelques questions concernant la vie au foyer et la vie de couple.

Nous tenterons d'identifier les éléments pouvant les différencier des femmes travaillant exclusivement à la maison et faire ressortir les faits saillants de leurs conditions de vie.

Ce chapitre sera présenté sous une forme plutôt descriptive complétée par une courte analyse. Nous ne reprendrons pas toutes les informations et tous les textes documentaires déjà cités dans les chapitres précédents.

1. CARACTÉRISTIQUES PERSONNELLES

Ces 167 répondantes sont pour la plupart des épouses et mères, c'est dire qu'elles remplissent aussi les tâches rattachées à ces rôles. En fait 94,0% sont mariées et 92,8% ont eu des enfants, avec une moyenne de 2,9 enfants par famille. La moyenne d'enfants par famille est un peu moins élevée pour ces femmes que pour notre groupe de répondantes travaillant exclusivement au foyer qui ont 3,3 enfants par famille[2].

Les deux tiers (68,4%) d'entre elles sont âgées de moins de 45 ans. La répartition des âges se lit comme suit:

• Moins de 34 ans	36,6%
• 35 à 44 ans	31,8%
• 45 à 54 ans	19,8%
• 55 à 64 ans	9,6%
• 65 et plus	2,4%
Total (167)	

Quant à leur scolarité, nous constatons que la moitié (52,5%) ont un bagage d'études supérieur à dix années:

• Moins de 7 années d'étude	18,3%
• 8 à 10 années d'étude	29,3%
• 11 et 12 années d'étude	35,4%
• 13 années d'étude et plus	17,1%
Total (167)	

Nous ne pouvons dire si l'âge et le degré de scolarité influencent le fait d'exercer un rôle à temps partiel en même temps que celui au foyer. Nous remarquons que la proportion de femmes âgées de moins de 45 ans est plus élevée parmi celles-ci que parmi celles travaillant exclusivement au foyer. De même, les répondantes possédant une scolarité plus poussée sont plus nombreuses parmi ce groupe que parmi les femmes au foyer à plein temps.

Les données concernant leur situation présente nous indiquent que 92,8% des 167 répondantes vivent avec leur conjoint et 84,4%

ont des enfants à la maison: 22,8% ont un enfant avec elle, 31,7% en ont deux, 18,0% en ont trois et 12,0% ont quatre enfants ou plus à la maison. En réalité, même si ces femmes ont eu en moyenne moins d'enfants, leur rôle de mère et d'éducatrice n'est pas terminé pour autant. Seulement 15,6% n'ont plus d'enfants au foyer. Quant au revenu disponible, nous constatons que la majorité des familles (55,6%) bénéficient d'un revenu supérieur à 20 000$:

- moins de 10 000$ 14,8%
- 10 000$ à 19 999$ 29,6%
- 20 000$ à 29 999$ 30,9%
- 30 000$ et plus   24,7%
  Total (162)

En somme, plus de la moitié de ce groupe de répondantes disposent d'un revenu familial supérieur à celui des femmes travaillant uniquement au foyer où la majorité se situe parmi les revenus inférieurs à 20 000$. Il semble que le revenu gagné au moyen du travail à temps partiel fasse augmenter le montant du revenu familial. La même question se pose dans le cas des femmes collaboratrices. Même si leur travail n'est pas rémunéré, ne permet-il pas de faire des économies au point d'accroître le revenu disponible pour la famille? Reste à savoir si ces femmes travaillant à temps partiel sont autonomes financièrement ou dépendantes de leur conjoint.

En résumé, nous pouvons dire que la majorité des répondantes occupant des fonctions supplémentaires à leur rôle au foyer sont jeunes (moins de 45 ans), assez scolarisées (11 années d'étude ou plus), ont un ou deux enfants à la maison et bénéficient d'un revenu familial supérieur à 20 000$.

2. CARACTÉRISTIQUES D'EMPLOI

Parmi cette catégorie de répondantes, 25,1% nous disent qu'elles travaillent à l'entreprise familiale, 50,3% occupent un emploi rémunéré à l'extérieur du foyer et 28,1% font du travail rémunéré à domicile. Nous constatons que le total dépasse 100,0%, ce qui nous fait réaliser que quelques femmes (3,5%) peuvent cumuler plus d'un emploi à temps partiel: soit un travail à l'extérieur et un travail à domicile ou une collaboration à l'entreprise et un travail à domicile ou à l'extérieur.

Toutefois, ce travail peut être très minime en nombre d'heures et temporaire.

Prenons chacun des types d'emploi séparément: collaboration à l'entreprise familiale ou travail rémunéré à l'extérieur ou à domicile. Nous examinerons dans chaque cas les postes occupés et le nombre d'heures de travail.

Femmes collaboratrices

Ce terme désigne les femmes travaillant avec leur conjoint dans une entreprise à but lucratif. L'AFEAS, par le biais de son étude menée en 1975[3], a découvert que ces femmes vivent des situations particulières.

Ces entreprises ou commerces sont généralement de petites ou moyennes entreprises (PME) à propriétaire unique, en l'occurrence le mari. Étant l'épouse du propriétaire, ces femmes ne pouvaient être reconnues comme des employées jusqu'en 1980.

À la suite du débat amorcé par l'AFEAS et des pressions et revendications diverses, les gouvernements ont apporté des changements à la loi de l'impôt donnant droit de reconnaître l'épouse comme une employée de l'entreprise. Par contre, les chiffres fournis par le ministère du Revenu du Québec[4] nous informent que 13,0% des femmes collaboratrices du mari dans une entreprise à but lucratif sont considérées comme des employées en 1981, alors que ce pourcentage était de 12,5% en 1975[5].

Nous constatons encore une fois qu'il existe une grande différence entre la loi et la pratique courante. Les changements de mentalités sont lents. De plus, ces femmes sont toujours considérées comme une catégorie à part du fait de leur statut matrimonial. Elle n'ont pas droit de participer à l'assurance-chômage et par le fait même n'ont pas accès à la formation professionnelle fournie par les centres de main-d'œuvre, au congé de maternité, etc.

Nous pouvons donc dire, encore aujourd'hui, que la très grande majorité des femmes collaboratrices ne sont pas rémunérées pour leur travail et qu'elles vivent encore des situations difficiles. Très souvent leur apport économique dans l'entreprise n'est pas reconnu lors de la cessation de la collaboration, de la vente de l'entreprise, de la séparation ou du divorce.

Voyons dans quels secteurs les répondantes collaboratrices travaillent:

• agricole	52,6%
• commercial	21,1%
• professionnel, service, loisir	13,2%
• forestier, pêcherie, petite fabrique	13,1%

Total (38)

Ainsi, la majorité d'entre elles travaillent dans le domaine de l'agriculture et une sur quatre collabore à une entreprise commerciale. Le nombre d'heures consacrées à ce travail au cours de la semaine précédant l'enquête varie, allant de quelques heures à une semaine complète de travail:

• de 2 à 10 heures	30,6%
• de 10 à 20 heures	33,3%
• 20 heures et plus	36,1%

Total (36)

Notons que plus du tiers de ces femmes ont donné plus de 20 heures de leur temps à l'entreprise familiale au cours de la semaine; c'est dire qu'elles y apportent une collaboration soutenue.

Travail rémunéré à l'extérieur

Le travail à temps partiel peut prendre différentes formes. Ce travail rémunéré à l'extérieur se limite parfois à quelques heures par semaine, périodiquement ou régulièrement. Il se traduit aussi en semaines complètes de travail, d'une façon temporaire ou saisonnière.

Ce genre de travail offre plusieurs avantages. Les femmes au foyer peuvent réintégrer le marché du travail graduellement ou y demeurer tout en assurant les tâches à la maison. Le revenu qu'il procure peut aider le conjoint à boucler le budget, ou à acquérir une indépendance financière personnelle, ou à régler certains problèmes de garderies, etc.

Par contre, il entraîne trop souvent les désavantages suivants: peu de sécurité d'emploi, peu de possibilité de promotion, peu ou pas d'avantages sociaux tels le régime des rentes, le congé de maternité, etc. Ces emplois se retrouvent souvent dans des domaines où les employées ne sont pas syndiquées, où elles sont sujettes au va-et-vient sur le marché du travail ou au chômage et où le travail est peu rémunéré.

Parmi les répondantes effectuant du travail rémunéré à l'extérieur du foyer, nous retrouvons les types d'emplois suivant:

- travailleuses des services
  (emplois non qualifiés)   29,9%
- employées de bureau   20,7%
- employées de magasin   19,5%
- ouvrières à la production   8,0%
- semi-professionnelles
  (infirmières, enseignantes)   6,9%
- représentantes, agents   4,6%
- autres (inclassables)   4,6%
- entrepreneures, contremaîtresses   3,4%
- travailleuses des transports ou
  communications   2,3%
  Total (87)

Plus des deux tiers de ces femmes se retrouvent dans les trois premières catégories d'emplois. Il s'agit de domaines traditionnellement féminins et, comme nous l'avons mentionné, des emplois propices au va-et-vient sur le marché du travail, au chômage, des emplois temporaires ou saisonniers.

La majorité de ces femmes (52,5%) ont effectué de 2 à 20 heures de travail rémunéré à l'extérieur au cours de la semaine précédant l'enquête. Les autres (47,5%) y ont consacré plus de 20 heures la même semaine, ce qui se rapproche de la semaine complète de travail.

Travail rémunéré à domicile

Nous connaissons peu de chose du travail rémunéré à domicile. Mais on sait qu'il n'est pas reconnu, qu'il n'offre pas de sécurité ou d'avantages sociaux et qu'il est peu rémunéré, au point où il prend très souvent le caractère d'une véritable exploitation.

Les femmes au foyer peuvent recourir à ce genre de travail pour maintenir une présence continue au foyer, pour éliminer les problèmes de garderie, de transport, de déplacement. Peut-être aussi pour sortir de la dépendance financière ou pour arrondir les fins de mois.

Les femmes qui effectuent ce genre de travail se répartissent comme suit:

- garde d'enfants   25,0%
- couture, artisanat   22,7%
- secrétariat   20,5%

• travail manuel (bijoux, nœuds de ruban)	13,6%
• divers	13,6%
• donne des cours	4,5%

Total (44)

Les deux tiers (68,2%) de ces répondantes ont accompli entre 2 et 20 heures d'ouvrage au cours de la semaine précédant l'enquête et l'autre tiers (31,8%) en ont fait 20 heures et plus.

Nous pouvons affirmer qu'il existe une très grande diversité d'occupations. Cette diversité se retrouve à la fois dans le genre d'emploi effectué, dans le nombre d'heures consacrées et sans doute aussi dans la rétribution du travail. En général, ces emplois semblent être des moyens d'augmenter le revenu disponible pour la famille ou pour elles-mêmes sans pour autant leur assurer une sécurité pour l'avenir.

3. Aspects légaux et financiers

Nous avons vu que la majorité de ces répondantes bénéficient d'un revenu familial supérieur à 20 000$. Voyons maintenant quelques éléments concernant l'accès aux finances familiales.

Administration du budget:

Le couple l'administre conjointement	61,8%
La répondante l'administre seule	26,1%
Le conjoint l'administre seul	12,1%

Total (157)

Accès au compte en banque

	Oui	Non	N.R.	Total
Compte personnel	73,7%	15,6%	10,8%	(167)
Compte conjoint	63,5%	22,2%	14,4%	(167)

Les réponses à ces deux questions nous fournissent un indice de l'accès aux ressources financières de la famille. La grande majorité participent à l'administration du budget et une sur quatre l'administre elle-même. De plus, près des deux tiers des répondantes ont accès à un compte conjoint et 3 femmes sur quatre possèdent un compte en banque personnel.

Nous pouvons nous demander si les biens durables du ménage sont aussi conjoints pour la majorité. Nous avons une bonne indication par le biais de la question concernant la possession légale du logement habité.

Mentionnons que 31 répondantes sont locataires et parmi les familles propriétaires nous obtenons les informations suivantes:

• Mon conjoint est propriétaire	61,9%
• Nous sommes copropriétaires	29,1%
• Je suis propriétaire	7,5%
• Copopriétaires avec un parent ou ami	1,5%
Total (134)	

Il est plutôt étonnant de constater que des femmes participant au bien-être de la famille par leur travail au foyer et par leur travail supplémentaire ne sont pas toutes copropriétaires. Près des deux tiers des couples administrent le budget ensemble et ont un compte de banque conjoint, mais un seul conjoint possède légalement un bien aussi important que le logement dans près de deux tiers des cas.

Les pourcentages relatifs à la possession légale du logement ressemblent étrangement à ceux obtenus pour le groupe de femmes travaillant exclusivement au foyer. Ainsi nous constatons une même tendance générale: l'homme est considéré comme le principal pourvoyeur de la famille et, par conséquent, il possède les biens durables dans la grande majorité des couples.

Régime matrimonial

Il ne s'agit pas ici de reprendre toutes les informations sur les régimes matrimoniaux. Nous voulons tout simplement voir si ces femmes possèdent une partie des biens du couple par le biais de leur contrat de mariage.

• Séparation de biens	52,5%
• Pas de contrat	26,2%
• Communauté de biens	13,7%
• Société d'acquêts	5,6%
• Ne sait pas	1,9%
Total (160)	

La majorité des couples sont mariés sous le régime de la séparation de biens, c'est dire que chacun des époux administre ses propres biens. Les femmes exerçant une activité supplémentaire à leurs tâches au foyer ont la possibilité d'accumuler des biens personnels. Reste à savoir si elles investissent dans des biens durables ou si elles utilisent cet argent pour des biens de courte durée. De plus, toutes ces femmes n'ont pas l'occasion d'accumuler beaucoup de biens, en particulier celles qui collaborent à l'entreprise familiale sans être rémunérées, celles qui ne travaillent que quelques heures et celles qui sont peu rétribuées.

Nous ne pouvons étudier toute la problématique des régimes matrimoniaux, nous devrons nous limiter à de simples constatations. Il y a presque autant de cas qu'il y a de couples. Par exemple, un couple marié en communauté de biens aura à partager aussi les dettes et cela devient très important pour les femmes collaboratrices de leur conjoint, en cas de faillite de l'entreprise familiale. Par ailleurs, si l'entreprise va bien, les effets du régime de la séparation de biens peuvent s'avérer graves pour les femmes au moment d'une séparation ou d'un divorce.

La solution réside peut-être dans un régime matrimonial équitable pour les deux conjoints: la société d'acquêts?

Sécurité financière pour l'avenir

Examinons deux aspects importants de la sécurité financière pour l'avenir: les dispositions en cas de décès et la participation à un régime de retraite.

En ce qui concerne le testament et l'assurance-vie du conjoint, nous notons les mêmes tendances que celles obtenues pour les répondantes travaillant exclusivement au foyer.

	Testament %	Assurance-vie %
• Seule bénéficiaire	71,6	76,9
• Bénéficiaire avec les enfants	18,7	14,1
• Rien de prévu	3,9	6,4
• Ne sait pas	5,8	2,6
Total	(155)	(156)

La plupart des époux prévoient des dispositions en cas de décès, la situation financière des épouses dépendra alors des avoirs du ménage et du montant de l'assurance.

En ce qui a trait à la retraite, nous constatons que peu de répondantes auront des prestations personnelles. Trois femmes sur quatre (74,7%)

n'ont jamais contribué à un régime de retraite sur un total de 162 répondantes. Parmi les autres, 19,1% y ont déjà contribué ou le font présentement et, pour 6,2%, le conjoint contribue en leur nom.

Ces résultats ne surprennent pas, car ces femmes ne peuvent participer à aucun régime de pension à titre de femmes au foyer et leur travail à temps partiel n'offre pas cet avantage dans la plupart des cas.

En terminant, mentionnons que ces femmes exerçant un travail additionnel à leur rôle au foyer ont, en grande majorité, accès aux ressources financières de la famille. Toutefois leur autonomie personnelle et leur sécurité pour l'avenir ne sont pas garanties. Le travail à temps partiel, sous sa forme actuelle, ne semble pas apporter de solution aux problèmes de dépendance financière et de sécurité pour l'avenir.

4.   VIE DE COUPLE ET TRAVAIL AU FOYER

Les données sur la vie conjugale et le travail au foyer permettent de tracer un portrait assez semblable à celui des femmes travaillant exclusivement au foyer. Il serait superflu de présenter tous les tableaux utilisés. Pour alléger le texte, nous ne mentionnerons que les grandes lignes à propos des prises de décision, du mode d'interaction dans le couple, du travail au foyer et du partage des tâches.

Dans l'ensemble, pour la majorité des 155 couples, les décisions se prennent à deux en ce qui concerne le choix des sorties, des vacances et des amis, les punitions et les permissions accordées aux enfants et les achats. Trois exceptions cependant sont relevées dans le domaine des achats réguliers. Les femmes décident seules du budget alloué pour leurs vêtements dans 71,5% des cas, pour les vêtements des enfants dans 68,0% des cas et de la nourriture dans 44,2% des couples. En fait, ces trois postes budgétaires sont les seuls où l'on retrouve une proportion non négligeable de femmes décidant elles-mêmes (plus de 20%): cela concerne les achats réguliers et toujours à renouveler et correspond plus à une corvée qu'à une responsabilité.

Le mode d'interaction dominant dans le couple semble être l'expression franche et directe des opinions, pour la grande majorité. Notons que trois femmes sur quatre se sentent à l'aise pour exprimer leurs goûts personnels à leur conjoint. Une femme sur quatre hésite à engager la conversation quand le couple diffère d'opinion sur un sujet. De même, une sur quatre préfère se taire et céder lors d'une discussion et très peu, moins de 10%, boudent et utilisent la séduction pour obtenir gain de cause.

Quant au travail à la maison, les réponses au budget-temps nous confirment que ces femmes sont aussi des femmes au foyer. Dans l'ensemble, ces répondantes accomplissent les tâches rattachées aux rôles d'épouse, de mère, d'éducatrice, de ménagère, etc. Il serait trop lourd d'énumérer les minutes accordées à chacune des activités.

Limitons-nous à dire qu'elles exécutent ce genre de travail et qu'en outre la majorité des 167 répondantes s'adonnent aux activités occasionnelles suivantes:

- préparation de conserves, confitures,
  marinades   82,6%
- confection de vêtements pour la famille   60,5%
- confection d'articles pour la maison   55,7%
- bricolage domestique (réparations,
  menuiserie, etc.)   59,9%
- décoration intérieure (peinture, tapisserie)   86,2%
- grand ménage saisonnier   94,0%
- entretien de l'extérieur (pelouse,
  déneigement, etc.)   75,4%

Ainsi donc, la majorité de ces femmes accomplissent des tâches occasionnelles en sus de leur travail au foyer et de leurs fonctions à temps partiel. On aurait pu croire que ces femmes élimineraient ces besognes en utilisant des produits industrialisés ou en faisant exécuter ces travaux par une tierce personne.

Du côté du partage des tâches à la maison, il serait injuste de brosser un tableau global en incluant toutes les répondantes travaillant à temps partiel. Certaines femmes ne consacrent que quelques heures par semaine au travail extérieur, d'autres font plus de 20 heures. Pour donner une bonne idée du partage des tâches, il faudrait composer de petits groupes selon le nombre d'heures de travail à l'extérieur, ce qui dépasse les limites assignées à notre analyse.

Mentionnons qu'en général les femmes obtiennent une aide occasionnelle, mais la plupart des tâches régulières sont sous leur responsabilité. La majorité des 167 répondantes accomplissent toujours ou le plus souvent seules les tâches suivantes: faire les repas, épousseter, faire les lits, laver les planchers, réparer les vêtements et faire l'épicerie. Les tâches auxquelles d'autres participent plus souvent sont la vaisselle, la sortie des ordures ménagères, pelleter la neige, tondre le gazon et jardiner.

Conclusions

Cette brève analyse nous confirme que ces travailleuses à temps partiel sont aussi des femmes au foyer. Leur travail supplémentaire ne leur confère pas nécessairement les avantages reliés au marché du travail.

Très peu d'éléments les différencient des femmes au foyer à temps plein. La majorité sont plus jeunes avec moins d'enfants en moyenne, plus scolarisées et disposent d'un revenu supérieur, mais elles sont, pour la plupart elles aussi, des épouses et des mères.

Une forte proportion d'entre elles ont accès aux ressources financières de la famille et participent aux décisions dans le couple. Par contre, les deux tiers dépendent de la bonne volonté du conjoint en ce qui concerne le logement qu'elles habitent, et la majorité de leurs régimes matrimoniaux ne reconnaissent pas le partage des biens dans le couple.

Neuf femmes sur dix jouissent d'une forme de sécurité, advenant le décès du conjoint, par le biais du testament et de l'assurance-vie du conjoint. Cette sécurité est reliée aux biens que possède la famille et au montant des assurances. La sécurité en cas de séparation, de divorce ou de changement survenant dans l'entreprise familiale n'est pas assurée.

Ces répondantes exécutent les tâches rattachées au bien-être de la famille et obtiennent une aide occasionnelle dans leurs rôles mais la majorité ont la responsabilité des tâches familiales régulières et répétitives.

En somme, plusieurs aspects de la situation de ce groupe de femmes sont semblables à ce que vivent les répondantes travaillant uniquement au foyer. Toutefois ces éléments ne peuvent être considérés comme représentatifs de la situation de toutes les femmes travaillant à temps partiel, car tel n'était pas l'objectif de notre enquête.

CONCLUSIONS GÉNÉRALES

Cette étude a décrit certains aspects importants de la vie des Québécoises au foyer, tout en respectant la diversité de leurs situations. En brossant un tableau réaliste, nous avons pu, au passage, démystifier un certain nombre d'idées reçues qui empêchent d'envisager des solutions concrètes aux problèmes de ces femmes. Nous avons conscience qu'il s'agit d'un tour d'horizon: tous les sujets n'ont pas été abordés et certains n'ont été qu'effleurés. Chaque chapitre, en effet, aurait pu faire l'objet d'un livre complet. Mais nous croyons avoir comblé une lacune en signalant à l'attention du public une catégorie de travailleuses largement méconnues. Résumons, dans leurs grandes lignes, les conclusions de cette étude.

La raison la plus importante à l'origine de la décision de demeurer au foyer est la présence à assurer auprès des enfants. Mais si certaines prennent là une décision définitive, d'autres retournent de façon intermittente sur le marché du travail, d'autres encore occupent un emploi permanent lorsque leur famille est élevée. La situation varie selon les générations, selon le cycle de vie, selon les besoins économiques et, bien sûr, selon les possibilités réelles de choix. En effet, étant donné l'expérience de travail antérieure et le bagage scolaire de la plupart de ces femmes, leurs possibilités d'insertion sur le marché du travail sont minces, à moins qu'elles n'acceptent des emplois sous-payés et peu intéressants.

Contrairement à l'idée généralement reçue, la sécurité financière des femmes au foyer est loin d'être réglée une fois pour toutes, d'autant plus que peu prévoient leur avenir. Et lorsque le revenu familial actuel est suffisant, la sécurité a pour contrepartie un état de dépendance financière très marquée. Si la présence d'un conjoint ne prémunit pas nécessairement contre la pauvreté, son absence en est presque le gage. Et c'est à ce moment que se font sentir les effets de la dépendance: beaucoup de veuves, de femmes séparées ou divorcées sombrent dans la pauvreté lorsqu'elles n'ont plus de conjoint qui contribue aux frais du ménage. Comme l'espérance de vie des hommes est moins élevée que celle des femmes et comme le nombre de séparations et de divorces s'accroît sans cesse, il s'agit là d'un problème social important. Après avoir été dépendantes de leur conjoint, beaucoup de femmes au foyer deviennent dépendantes de l'aide sociale, tout en devant dans la pratique assumer seules la charge financière de leurs enfants.

La majorité des femmes qui vivent actuellement en situation de couple participent aux décisions prises dans leur famille et entretiennent avec leur conjoint une relation où elles peuvent exprimer leur opinion. Mais elles doivent se charger le plus souvent seules des tâches familiales quotidiennes: leur conjoint ne s'occupe que de certains travaux saisonniers ou occasionnels. La littérature sur le sujet nous apprend que les femmes en emploi vivent la même situation. C'est dire que toutes les femmes ont le devoir d'accomplir ces tâches alors que les hommes y participent selon leur bon vouloir. Ces données éclairent d'un jour particulier les choix réels offerts aux femmes dans notre société: elles peuvent opter pour une journée simple ou double de travail!

La majorité des répondantes ne correspondent pas au mythe de la ménagère isolée dans sa maison, imbue d'idées traditionnelles et dont les intérêts se limitent à la sphère familiale. Elles voient leur famille d'origine, elles entretiennent des amitiés personnelles ou de couple, elles fréquentent leurs voisines, elles vont au cinéma ou au restaurant. Nos résultats montrent en fait que le phénomène d'isolement n'est vécu que par une minorité et qu'il semble provenir plus d'attitudes personnelles que de la situation objective. Plusieurs s'intéressent à des sujets diversifiés qui ne sont pas nécessairement reliés à leurs occupations familiales. Si près du quart participent à des organismes bénévoles, très peu s'intéressent activement à la politique. Enfin plusieurs seraient éventuellement prêtes à faire du bénévolat, à aller sur le marché du travail ou à retourner aux études.

Nous avons démontré que le travail au foyer constitue une contribution sociale et économique importante. En retour, les femmes qui l'accomplissent reçoivent peu: pas de rémunération directe, pas d'avantages sociaux, peu de prestige et peu d'autonomie. La majorité sont cependant satisfaites de leur sort. Elles aiment la liberté que leur procure leur travail, même si elles en déplorent la monotonie. Elles ont le sentiment, en majorité, de bien accomplir leur rôle maternel, d'être près de leur conjoint ou d'être appréciées par la société. La seule note discordante provient du fait qu'elles ne se sentent pas dans une situation particulièrement propice à leur épanouissement personnel. Le fait est que, pour la majorité, la situation actuelle est satisfaisante. Mais elles ne se rendent pas compte à quel point elles dépendent du destin ou des sentiments de leur conjoint à leur égard.

L'examen de leurs valeurs et de leurs opinions politiques démontre qu'elles ne sont pas conservatrices. La majorité ne croient pas à la ségrégation stricte des rôles selon les sexes et appuient les politiques gouvernementales qui favorisent le libre choix des femmes et leur égalité avec les hommes.

Nous avons de plus constaté la nécessité d'études plus fouillées sur la santé des femmes au foyer. Notre dernier chapitre nous a rappelé que le travail au foyer n'est pas accompli uniquement par celles qui s'y consacrent à plein temps. Les travailleuses à domicile ou à temps partiel, les femmes collaboratrices de leur mari dans une entreprise éprouvent des besoins qu'il ne faut pas oublier. Enfin, même si nous nous sommes peu penchées sur le cas des femmes à temps plein sur le marché du travail, rappelons que la plupart des questions soulevées par notre enquête les concernent également.

Nous avons signalé, au fil des chapitres, différentes mesures susceptibles d'améliorer le sort des femmes au foyer. Nous n'avons pas cru utile de présenter des solutions précises et détaillées. Notre rapport est d'abord un outil de connaissance: il sera précieux pour l'action et servira à éclairer les débats et non à les remplacer. Les solutions concrètes ne peuvent venir que d'une négociation entre les femmes concernées et les instances gouvernementales ou professionnelles qui détiennent le pouvoir d'améliorer ou de corriger certaines situations. Rappelons, en terminant, la nécessité de l'intervention de l'État dans ce domaine. Bien sûr, certains problèmes relèvent de la négociation entre les conjoints. On ne peut certes légiférer pour régler tous les détails de la vie familiale ou pour obliger les hommes à accomplir leur juste part des travaux ménagers... Mais l'État peut rendre possible la réinsertion sur le marché du travail ou aux études à celles qui le désirent. Il peut assurer la reconnaissance sociale et économique du travail au foyer de diverses façons. Il peut, par exemple, intégrer la valeur de ce travail dans le calcul du produit national brut: il ne s'agit pas d'une reconnaissance formelle, ces calculs pourraient servir de base en cas de séparation ou de divorce, ou pour réserver une juste part d'héritage à la veuve. Les régimes matrimoniaux pourraient être améliorés de façon à protéger les intérêts des femmes mariées sous le régime de la séparation de biens et à favoriser l'indépendance financière des femmes dans le couple. On pourrait se pencher sur la meilleure façon d'accorder à ces femmes des avantages sociaux comparables à ceux dont jouissent l'ensemble des travailleurs, etc.

Soulignons enfin que les solutions ne peuvent qu'être diversifiées car les femmes au foyer ne forment pas un bloc homogène: toutes ne souhaitent pas exercer une activité à l'extérieur, toutes ne vivent pas les mêmes problèmes et ne disposent pas des mêmes ressources financières ou culturelles. En définitive, nous ne réclamons que justice en reconnaissance du travail accompli.

QUESTIONNAIRE S'ADRESSANT
AUX FEMMES AU FOYER

Aux répondantes,

Encore du papier et un autre questionnaire à remplir me direz-vous! Mais ce n'est pas n'importe lequel puisqu'il porte sur les femmes au foyer. Que veut donc l'AFEAS (Association féminine d'éducation et d'action sociale) en faisant cette recherche? Voilà autant de questions auxquelles je vais tenter de répondre.

L'AFEAS est un organisme essentiellement féminin comptant 35 000 membres regroupés à l'intérieur de 600 cercles locaux et répartis un peu partout à travers toute la province de Québec. Les membres de ce mouvement ont toujours été, et sont encore, préoccupées par l'amélioration des conditions de vie et de travail des femmes en général.

J'aimerais, à ce moment-ci, rappeler et souligner l'impact positif de notre recherche sur le statut légal et financier de la femme collaboratrice du mari dans une entreprise familiale à but lucratif et tout le succès de nos recommandations auprès des gouvernements. Cette recherche nous a permis de faire en sorte que son travail soit reconnu et ses droits protégés.

Par la présente recherche, l'AFEAS vise à définir la femme au foyer des années 80, à découvrir ses motivations, ses aspirations et ses besoins et à faire ressortir les aspects légaux et financiers de son statut. Cette enquête nous permettra d'identifier les points à travailler pour améliorer les conditions de vie des femmes au foyer. Par la suite, nous effectuerons des pressions auprès des instances gouvernementales pour obtenir des mesures sociales afin de répondre aux besoins exprimés par les répondantes du questionnaire.

Deux mille (2000) noms de femmes ont été sélectionnés par une maison québécoise spécialisée dans les sondages. Nous pouvons vous assurer de l'anonymat de vos réponses; une fois les questionnaires compilés, nous les détruirons. Il n'y a ni bonne ni mauvaise réponse. Veuillez répondre personnellement à chacune des questions et retourner le tout le plus tôt possible en utilisant l'enveloppe réponse ci-jointe.

En terminant, j'aimerais vous rappeler combien votre participation et votre collaboration sont importantes pour nous. Que vous partagiez l'opinion de l'AFEAS ou non n'est pas un critère; ce qui importe, c'est votre opinion. Nous vous demandons temps et énergie, nous en sommes conscientes et notre reconnaissance vous est acquise.

Février 1982   Christiane Bérubé-Gagné,
                                                          Présidente de l'AFEAS.

1. Dans quelle municipalité habitez-vous?

    Municipalité de _____ dans le district (comté) électoral provincial de _____ .

2. Dans quelle catégorie vous situez-vous *actuellement*?

    ☐ Mariée depuis _____ années.
    ☐ En union libre depuis _____ années.
    ☐ Veuve depuis _____ années.
    ☐ Séparée depuis _____ années.
    ☐ Divorcée depuis _____ années.

3. Combien avez vous eu d'enfants?

    ☐ Je n'en ai pas.
    ☐ J'ai eu _____ enfants.

4. Combien de personnes habitent au total avec vous? (excluant vous-même)

    ☐ Je vis seule. → | PASSEZ À LA QUESTION 8 |

    ☐ Je vis avec _____ personnes. → | PASSEZ À LA QUESTION 5 |

5. Remplissez le tableau suivant en indiquant les renseignements demandés sur chacune des personnes qui habitent avec vous. Commencez par votre conjoint s'il vit avec vous. (Si vous n'avez pas assez d'espace, ajoutez une feuille.)

PERSONNE	LIEN DE PARENTÉ AVEC VOUS	ÂGE	SEXE
Personne n° 1	☐ conjoint ☐ enfant ☐ autre personne ayant un lien de parenté ☐ autre, précisez _____	___ ans	☐ F ☐ M
Personne n° 2	☐ enfant ☐ autre personne ayant un lien de parenté ☐ autre, précisez _____	___ ans	☐ F ☐ M

(Et ainsi de suite jusqu'au nombre total de personnes)

6. Combien parmi ces personnes sont à votre charge (et à celle de votre conjoint s'il y a lieu)?
_____ personnes.

7. Y a-t-il parmi ces personnes quelqu'un qui requiert une présence continue? (par exemple: handicapé, personne âgée...)

☐ Oui → Combien? _____
☐ Non

8. Avez-vous déjà travaillé à l'extérieur du foyer?

☐ Non → | PASSEZ À LA QUESTION 14 |

☐ Oui

9. Comment décririez-vous votre participation au marché du travail depuis la fin de vos études?

☐ J'ai d'abord travaillé, puis je suis toujours demeurée au foyer à plein temps.
☐ J'ai toujours combiné en même temps travail à l'extérieur et travail au foyer.
☐ Selon les périodes, j'ai alterné travail à l'extérieur et travail au foyer à plein temps.
☐ Autre, précisez _____ _____

10 Travaillez-vous actuellement à l'extérieur du foyer?

☐ Non → | PASSEZ À LA QUESTION 12 |

☐ Oui

11. Quel genre de travail faites-vous?
Genre d'emploi _____
Genre d'entreprise _____

> PASSEZ À LA
> QUESTION 14

12. Quel était votre dernier emploi à plein temps

Genre d'emploi _____

Genre d'entreprise _____

13. Depuis combien d'années avez-vous quitté cet emploi?

_____ années.

14. Les facteurs suivants ont-ils joué dans votre décision de demeurer au foyer?

FACTEURS D'INFLUENCE	OUI	NON
• L'attitude de votre conjoint souhaitant votre présence au foyer	☐	☐
• La présence à assurer auprès des enfants	☐	☐
• Le travail ménager à assumer à la maison	☐	☐
• L'absence d'emploi pour vous	☐	☐
• Des problèmes de santé	☐	☐
• Une formation insuffisante pour obtenir un emploi à votre goût	☐	☐
• Un problème de transport par rapport aux emplois disponibles	☐	☐
• Votre emploi du moment ne vous intéressait pas	☐	☐
• Autre, précisez _____		

15. Pour chacune des occupations suivantes, indiquez si vous en avez fait la semaine dernière, le nombre d'heures que vous y avez consacrées durant cette semaine et les précisions demandées, s'il y a lieu.

ACTIVITÉS	J'EN AI FAIT LA SEMAINE DERNIÈRE	NOMBRE D'HEURES CONSACRÉES À L'ACTIVITÉ LA SEMAINE DERNIÈRE	PRÉCISION DEMANDÉE
Travail au foyer (ménage, soins aux enfants, etc.)	☐ Oui → ☐ Non		(Nous verrons cette question en détail plus loin.)
Travail dans une entreprise familiale (y compris la ferme)	☐ Oui → ☐ Non		Quel genre d'entreprise est-ce?

Travail rémunéré à l'extérieur du foyer	☐ Oui → ☐ Non		Quel genre de travail?
Travail rémunéré à domicile (autre que tâches familiales)	☐ Oui → ☐ Non		Quel genre de travail?
Études (cours, activités de formation)	☐ Oui → ☐ Non		Quel genre d'études?
Bénévolat	☐ Oui → ☐ Non		(Nous verrons cette question en détail plus loin.)

16. Combien d'années d'études avez-vous complétées?
    _____ années.

17. Quel est le dernier diplôme que vous ayiez obtenu? (Cochez le dernier diplôme seulement.)
    ☐ Diplôme d'études primaires
    ☐ Diplôme d'études secondaires
    ☐ Diplôme d'études collégiales (collège ou CEGEP)
    ☐ Diplôme d'École normale
    ☐ Diplôme d'infirmière
    ☐ Diplôme d'école technique — Lequel? _____
    ☐ Diplôme universitaire — Lequel? _____
    ☐ Autre diplôme — Lequel? _____

18. Où êtes-vous née?
    ☐ Au Québec
    ☐ Au Canada, mais à l'extérieur du Québec
    ☐ Dans un autre pays que le Canada — Lequel? _____
    _____

19. Quelle est votre langue maternelle?
    ☐ Français
    ☐ Anglais
    ☐ Autre(s) — Précisez _____

20. Quelle(s) langue(s) pouvez-vous utiliser?

    Parlée   *Écrite*
    ☐   ☐   Français
    ☐   ☐   Anglais
    ☐   ☐   Autre(s) — Laquelle ou lesquelles?
                             _____

21. Quel âge avez-vous?

    _____ ans.

22. De quelle religion êtes-vous?

    ☐ Catholique
    ☐ Protestante
    ☐ Autre religion — Laquelle? _____
    ☐ Aucune religion

> SI VOUS N'ÊTES PAS ACTUELLEMENT EN SITUATION DE COUPLE
> (VEUVE, SÉPARÉE, DIVORCÉE), RÉPONDEZ AUX QUESTIONS 23
> À 25 EN FONCTION DE VOTRE EX-CONJOINT.
> LES AUTRES RÉPONDENT EN FONCTION DE LA SITUATION
> ACTUELLE.

23. Quelle est l'occupation actuelle de votre conjoint (ou de votre ex-conjoint s'il y a lieu)?

    Genre d'emploi _____

    Genre d'entreprise _____

24. Combien d'années d'études votre conjoint (ou votre ex-conjoint) a-t-il complétées?

    _____ années.

25. Quelle est le dernier diplôme qu'il a obtenu? (Cochez le dernier diplôme seulement.)

    ☐ Diplôme d'études primaires
    ☐ Diplôme d'études secondaires
    ☐ Diplôme d'études collégiales
    ☐ Diplôme d'école normale
    ☐ Diplôme d'école technique — Lequel? _____
    ☐ Diplôme universitaire — Lequel? _____
    ☐ Autre diplôme — Précisez lequel? _____

26. De quelle(s) source(s) provient votre revenu familial? (Cochez toutes les cases appropriées quel que soit le montant de chaque source.)

> SI VOUS N'ÊTES PAS EN SITUATION DE COUPLE, LE REVENU
> FAMILIAL VEUT DIRE LE REVENU DONT VOUS DISPOSEZ
> *ACTUELLEMENT.*

    ☐ Salaire du conjoint
    ☐ Salaire personnel (peu importe le montant)
    ☐ Pension alimentaire versée par mon ex-conjoint
    ☐ Prestations de retraite du conjoint
    ☐ Prestations de retraite pour moi-même
    ☐ Aide sociale
    ☐ Assurance-chômage du conjoint
    ☐ Assurance-chômage pour moi-même
    ☐ Intérêts de placements
    ☐ Autre(s) — Précisez _____

27. Dans quelle catégorie se situe *actuellement* votre revenu familial annuel avant déductions d'impôts?

☐ Moins de 5 000$
☐ De 5 000$ à 9 000$
☐ De 10 000$ à 14 999$
☐ De 15 000$ à 19 999$
☐ De 20 000$ à 24 999$
☐ De 25 000$ à 29 999$
☐ De 30 000$ à 34 999$
☐ De 35 000$ à 39 999$
☐ 40 000$ ou plus

28. Possédez-vous un compte en banque

Personnel?   ☐ Oui   ☐ Non
Conjoint avec
votre époux?   ☐ Oui   ☐ Non

29. À qui appartient *légalement* le logement que vous habitez?

☐ À mon conjoint seulement
☐ À moi-même seulement
☐ À moi-même et mon conjoint en copropriété
☐ Je suis (nous sommes) locataire(s)
☐ Autre formule — Précisez _____

30. Combien de pièces comprend votre logement?

_____ pièces.

> SI VOUS N'ÊTES PAS ACTUELLEMENT EN SITUATION DE COUPLE, PASSEZ À LA QUESTION 36
> LES AUTRES CONTINUENT À LA QUESTION 31.

31. Qui administre le budget familial?

☐ Je l'administre au complet.
☐ Mon conjoint l'administre au complet.
☐ Nous l'administrons ensemble.
☐ Autre — Précisez _____

32. Y a-t-il une part du revenu familial qui vous est allouée pour vos dépenses personnelles?

☐ Oui → Répondez aux questions a) et b) ci-dessous.
         a) Qui décide combien?
            ☐ Moi-même
            ☐ Mon conjoint
            ☐ Les deux
         b) Devez-vous rendre compte de son utilisation?
            ☐ Oui
            ☐ Non

☐ Non → Répondez à la question c) ci-dessous.

    c) Que faites-vous quand vous avez besoin d'argent pour une dépense personnelle?

_____

_____

_____

33. Êtes-vous bénéficiaire de l'assurance-vie de votre conjoint?

    ☐ Mon conjoint ne possède aucune assurance-vie.
    ☐ Je ne suis pas bénéficiaire.
    ☐ Je suis la seule bénéficiaire.
    ☐ Je suis bénéficiaire en partie seulement (avec les enfants).
    ☐ Je ne sais pas.

34. Êtes-vous bénéficiaire du testament de votre conjoint (ou de la clause testamentaire de votre contrat de mariage s'il n'y a pas de testament)?

    ☐ À ma connaissance, rien n'est prévu.
    ☐ Je ne suis pas bénéficiaire.
    ☐ Je suis la seule bénéficiaire.
    ☐ Je suis bénéficiaire en partie seulement (avec les enfants).
    ☐ Je ne sais pas.

35. Votre conjoint possède-t-il un régime de pension privé (personnel ou à son travail)?
    ☐ Oui
    ☐ Non
    ☐ Je ne sais pas.

36. En quelle année vous êtes-vous mariée?

    ☐ Je me suis mariée en 19 ____.

    ☐ Je n'ai jamais été mariée →   PASSEZ À LA QUESTION 38

37. Avez-vous passé un contrat devant notaire? (Cochez la bonne réponse et précisez s'il y a lieu.)

    ☐ Non →   PASSEZ À LA QUESTION 38

    ☐ Oui → Sous quel régime matrimonial êtes-vous actuellement?
        ☐ Communauté de biens
        ☐ Séparation de biens
        ☐ Société d'acquêts
        ☐ Je ne sais pas.
        ☐ Je suis divorcée ou veuve et j'étais sous le régime de _____

_____

38. Avez-vous cumulé un certain montant dans un régime de retraite personnel (y compris un régime cotisé au travail) autre que le Régime des rentes du Québec-RRQ?

    ☐ Non, je n'ai jamais contribué à un régime de retraite personnel.
    ☐ Oui, j'ai déjà contribué personnellement.

☐ Oui, j'y contribue personnellement à l'heure actuelle.
☐ Mon conjoint contribue actuellement à un régime enregistré à mon nom.
☐ J'ai retiré, avant ma retraite, le montant accumulé parce que j'avais besoin
d'argent.
☐ Autre — Précisez _____

39. Nous aimerions savoir comment vous avez occupé votre journée d'*hier*. Indiquez,
au tableau suivant, combien de minutes ou d'heures vous avez consacré *hier* à
chacune des activités énumérées dans le tableau.

Peu importe que votre journée d'hier ait été exceptionnelle ou qu'elle corresponde
à ce que vous faites habituellement. Nous vous demandons seulement de préciser
de quelle journée il s'agit. La journée d'hier est choisie pour faciliter votre
mémorisation.

Attention, le total consacré à toutes vos activités d'hier doit correspondre au total
de 24 heures.

Si vous avez effectué plus d'une activité en même temps, répartissez le temps
également entre les deux activités.

Précisez tout d'abord pour quelle journée vous remplissez le tableau :

☐ Lundi
☐ Mardi
☐ Mercredi
☐ Jeudi
☐ Vendredi
☐ Samedi
☐ Dimanche

ACTIVITÉS	TEMPS CONSACRÉ
Sommeil	_____ heures _____ minutes
Travail rémunéré (y compris le transport pour aller et revenir)	_____ heures _____ minutes
Préparation des repas	_____ heures _____ minutes
Faire la vaisselle	_____ heures _____ minutes
Repas (temps mis à manger)	_____ heures _____ minutes
Nettoyage et entretien de la maison (faire les lits, époussetter, entretien des planchers, etc.)	_____ heures _____ minutes
Travail pour l'entreprise famililale (y compris transport pour aller et revenir)	_____ heures _____ minutes
Regarder la télévision	_____ heures _____ minutes

Courses (y compris le transport pour aller et revenir)	_____ heures _____ minutes
Entretien des vêtements	_____ heures _____ minutes
Soins d'hygiène et de santé de la famille	_____ heures _____ minutes
Éducation des enfants	_____ heures _____ minutes
Marche, activité physique	_____ heures _____ minutes
Soins personnels (à la maison)	_____ heures _____ minutes
Lecture	_____ heures _____ minutes
Cours, conférence	_____ heures _____ minutes
Spectacles à l'extérieur du foyer	_____ heures _____ minutes
Participation à des organisations	_____ heures _____ minutes
Artisanat	_____ heures _____ minutes
Conversations téléphoniques	_____ heures _____ minutes
Rendez-vous personnels	_____ heures _____ minutes
Rendez-vous ou déplacement pour un membre de votre famille	_____ heures _____ minutes
Autre(s) activité(s) — Précisez _____ _____ _____	_____ heures _____ minutes

FAITES LE TOTAL ET VÉRIFIEZ SI CELA DÉPASSE 24 HEURES

40. Vous arrive-t-il parfois de vous livrer *personnellement* aux activités suivantes? (Cochez pour chaque activité la réponse qui vous convient.)

Conserves, confitures, marinades ☐ Oui ☐ Non

Bricolage pour la maison (réparations, menuiserie, etc.) ☐ Oui ☐ Non

Décoration intérieure (peinture à l'intérieur, tapisserie, etc.) ☐ Oui ☐ Non

Grand ménage saisonnier ☐ Oui ☐ Non

Entretien à l'extérieur de la maison (gazon, déneigement, jardinage, peinture extérieure, etc.) ☐ Oui ☐ Non ☐ Ne s'applique pas

Confection de vêtements pour la
famille   ☐ Oui ☐ Non
Confection d'articles pour la maison
(tapis, courtepointe, jardinière, etc.)   ☐ Oui ☐ Non

41. Dans votre vie actuelle, qui contribue aux tâches suivantes? (Encerclez le chiffre qui décrit votre situation dans chaque tâche et précisez qui y contribue à part vous, s'il y a lieu.)

TÂCHES	VOUS LE FAITES:					QUI Y CONTRIBUE LORSQUE VOUS NE LE FAITES PAS SEULE?		
	Toujours seule	Le plus souvent seule	D'autres y contribuent souvent	Ce n'est jamais moi	Ne s'applique pas	Mon conjoint	Mon ou mes enfants	Une autre personne
Préparation des repas	1	2	3	4	5	1	2	3
Faire la vaisselle	1	2	3	4	5	1	2	3
Soigner un enfant malade	1	2	3	4	5	1	2	3
Épousseter	1	2	3	4	5	1	2	3
Sortir les ordures ménagères	1	2	3	4	5	1	2	3
Faire les lits	1	2	3	4	5	1	2	3
Aider les enfants à faire leurs devoirs	1	2	3	4	5	1	2	3
Laver les planchers	1	2	3	4	5	1	2	3
Conduire les enfants à leurs activités	1	2	3	4	5	1	2	3
Pelleter la neige	1	2	3	4	5	1	2	3
Réparer les vêtements	1	2	3	4	5	1	2	3
Jouer avec les enfants	1	2	3	4	5	1	2	3

Tondre la pelouse	1	2	3	4	5	1	2	3
Faire l'épicerie	1	2	3	4	5	1	2	3
Jardiner	1	2	3	4	5	1	2	3

> **SI VOUS N'ÊTES PAS ACTUELLEMENT EN SITUATION DE COUPLE, PASSEZ À LA QUESTION 44.**
> **LES AUTRES CONTINUENT À LA QUESTION 42.**

42. Qui prend les décisions dans les situations suivantes?

	Moi-même	Conjoint	Les deux
Achat de meubles	☐	☐	☐
Achat d'appareils ménagers (réfrigérateur, laveuse…)	☐	☐	☐
Montant alloué pour nourriture par semaine	☐	☐	☐
Achat d'une auto (modèle, marque)	☐	☐	☐
Choix des vacances familiales (endroit, genre…)	☐	☐	☐
Budget alloué pour mes vêtements	☐	☐	☐
Budget alloué pour les vêtements des enfants	☐	☐	☐
Choix des vêtements du conjoint	☐	☐	☐
Permission accordée aux enfants	☐	☐	☐
Choix d'une sortie (cinéma, théâtre…)	☐	☐	☐
Punition aux enfants	☐	☐	☐
Choix des amis à recevoir et à voir	☐	☐	☐

43. Dites à quelle fréquence il vous arrive d'adopter les attitude suivantes (encerclez le chiffre qui correspond à votre cas).

ATTITUDE	Très souvent	Assez souvent	Parfois	Rarement	Jamais
Je préfère me taire et céder lors d'une discussion avec mon conjoint.	1	2	3	4	5
Je me sens à l'aise pour exprimer mes goûts personnels à mon conjoint.	1	2	3	4	5
Il m'arrive de bouder lorsque je n'obtiens pas ce que je veux.	1	2	3	4	5
J'exprime facilement mes réactions immédiates à mon conjoint.	1	2	3	4	5

J'hésite à engager la conversation avec mon conjoint quand nous n'avons pas la même opinion sur un sujet.	1	2	3	4	5
Il m'arrive de devoir employer la séduction pour obtenir ce que je veux.	1	2	3	4	5
J'essaie de régler les problèmes moi-même plutôt que d'en parler à mon conjoint.	1	2	3	4	5
Il m'arrive de me refuser une sortie pour ne pas déplaire à mon conjoint.	1	2	3	4	5
Dans un groupe, je ne m'exprime pas de la même façon lorsque mon conjoint est présent.	1	2	3	4	5

44. Pour chacun des sujets suivants, dites:
   a) s'il vous arrive de vous informer là-dessus (lire des livres ou journaux, écouter une émission de radio ou de télévision);
   b) s'il vous arrive d'en parler (en famille, avec des amis, etc.);
   c) s'il vous arrive de participer à des activités là-dessus (cours, conférence, groupe, etc.).

SUJET	JE M'INFORME	J'EN PARLE	JE PARTICIPE À DES ACTIVITÉS
• Éducation des enfants	☐ oui ☐ non	☐ oui ☐ non	☐ oui ☐ non
• Culture	☐ oui ☐ non	☐ oui ☐ non	☐ oui ☐ non
• Relations de couple	☐ oui ☐ non	☐ oui ☐ non	☐ oui ☐ non
• Politique	☐ oui ☐ non	☐ oui ☐ non	☐ oui ☐ non
• Situation de la femme	☐ oui ☐ non	☐ oui ☐ non	☐ oui ☐ non
• Religion	☐ oui ☐ non	☐ oui ☐ non	☐ oui ☐ non

45. Dans quelle mesure êtes-vous personnellement d'accord avec chacune des propositions suivantes? (Encerclez le chiffre qui vous convient à chacune des propositions.)

PROPOSITIONS	Totalement d'accord	Plutôt d'accord	Plus ou moins d'accord	Plutôt en désaccord	Totalement en désaccord
Être femme au foyer, ça permet de travailler à son propre rythme	1	2	3	4	5
Une femme au foyer se sent dévalorisée dans la société.	1	2	3	4	5
Être au foyer donne l'occasion d'être plus près de ses enfants.	1	2	3	4	5
Être au foyer permet d'avoir plus de loisirs.	1	2	3	4	5
Une femme au foyer avec de jeunes enfants se sent isolée.	1	2	3	4	5
Ce qui est décourageant dans le travail ménager, c'est que c'est toujours à refaire.	1	2	3	4	5
Une femme au foyer a l'avantage d'être plus près de son conjoint.	1	2	3	4	5
Une femme au foyer éprouve le sentiment de ne rien apporter à la société.	1	2	3	4	5
Il est satisfaisant pour la femme au foyer de se sentir irremplaçable.	1	2	3	4	5
Il est frustrant pour une femme au foyer de dépendre financièrement de son mari.	1	2	3	4	5
Il est rassurant pour une femme au foyer de penser que son avenir est assuré.	1	2	3	4	5
Être au foyer donne les conditions les plus propices à l'épanouissement personnel.	1	2	3	4	5

46. Aimeriez-vous dans l'avenir vous engager dans les activités suivantes:

	Oui	Non	J'en (ou je le) fais déjà
Faire du bénévolat	☐	☐	☐
S'impliquer en politique	☐	☐	☐
Travailler à plein temps	☐	☐	☐
Travailler à temps partiel	☐	☐	☐
Retourner aux études	☐	☐	☐

Autre — Précisez _____

47. Si vous aviez la possibilité d'étudier:

a) Quel genre d'études aimeriez-vous faire?

_____
_____
_____

b) Dans quel but?

_____
_____
_____
_____

c) Quel(s) programme(s) devrait(ent) être offert(s) pour répondre à vos besoins?

_____
_____
_____

48. Que pensez-vous des politiques des gouvernements dans les domaines suivants? (Cochez les réponses qui vous conviennent dans chaque cas.)

DOMAINE		OPINION
Garderies	☐ Je suis au courant. ☐ Je suis un peu au courant. ☐ Je ne suis pas du tout au courant.	☐ Il n'y en a pas assez ☐ Il y en a suffisamment. ☐ Il y en a trop.
Législation sur l'avortement	☐ Je suis au courant. ☐ Je suis un peu au courant. ☐ Je ne suis pas du tout au courant.	☐ Elle est trop restrictive. ☐ Elle me convient. ☐ Elle n'est pas assez restrictive.
Allocations familiales	☐ Je suis au courant. ☐ Je suis un peu au courant. ☐ Je ne suis pas du tout au courant.	☐ Le montant est trop élevé. ☐ Le montant est assez élevé. ☐ Le montant n'est pas assez élevé.

DOMAINE		OPINION
Cliniques de planification familiale	☐ Je suis au courant. ☐ Je suis un peu au courant. ☐ Je ne suis pas du tout au courant.	☐ Il n'y en a pas assez. ☐ Il y en a assez. ☐ Il y en a trop.
Les programmes d'éducation des adultes offerts aux femmes	☐ Je suis au courant. ☐ Je suis un peu au courant. ☐ Je ne suis pas du tout au courant.	☐ Il n'y en a pas assez. ☐ Il y en a assez. ☐ Il y en a trop.
La législation sur le viol	☐ Je suis au courant. ☐ Je suis un peu au courant. ☐ Je ne suis pas du tout au courant.	☐ C'est trop sévère pour le violeur. ☐ C'est assez sévère pour le violeur. ☐ Ce n'est pas assez sévère pour le violeur.
La législation sur la pornographie	☐ Je suis au courant. ☐ Je suis un peu au courant. ☐ Je ne suis pas du tout au courant.	☐ C'est trop sévère. ☐ C'est assez sévère. ☐ Ce n'est pas assez sévère.
Les congés de maternité	☐ Je suis au courant. ☐ Je suis un peu au courant. ☐ Je ne suis pas du tout au courant.	☐ Ils devraient être améliorés. ☐ Ils sont suffisants. ☐ Ils devraient être restreints.
La sécurité de la vieillesse pour les femmes au foyer	☐ Je suis au courant. ☐ Je suis un peu au courant. ☐ Je ne suis pas du tout au courant.	☐ Elles ne sont pas assez protégées. ☐ Elles sont assez protégées. ☐ Elles sont trop protégées.
La protection légale des femmes en cas de divorce	☐ Je suis au courant. ☐ Je suis un peu au courant. ☐ Je ne suis pas du tout au courant.	☐ Elles ne sont pas assez protégées. ☐ Elles sont assez protégées. ☐ Elles sont trop protégées.
L'égalité des chances dans l'emploi pour les femmes et les hommes	☐ Je suis au courant. ☐ Je suis un peu au courant. ☐ Je ne suis pas du tout au courant.	☐ Les femmes ont moins de chances que les hommes. ☐ Elles ont autant de chances. ☐ Elles ont plus de chances.

Les droits des femmes collaboratrices de leur mari dans une entreprise familiale.	☐ Je suis au courant. ☐ Je suis un peu au courant. ☐ Je ne suis pas du tout au courant.	☐ Ils ne sont pas assez reconnus. ☐ Ils sont suffisamment reconnus. ☐ Ils sont trop reconnus.

49. Est-ce que les politiques gouvernementales devraient:

☐ Inciter les femmes à demeurer au foyer?
☐ Leur donner le choix entre demeurer au foyer et travailler à l'extérieur?
☐ Les inciter à travailler à l'extérieur?
☐ Autre — Précisez _____

50. Jusqu'à quel point êtes-vous d'accord avec chacune des propositions suivantes?
(Encerclez le chiffre qui décrit votre opinion pour chacune des propositions.)

PROPOSITIONS	Totalement d'accord	Plutôt d'accord	Plus ou moins d'accord	Plutôt en désaccord	Totalement en désaccord
La femme qui travaille à l'extérieur peut être une aussi bonne mère de famille.	1	2	3	4	5
Les filles et les garçons devraient aller aussi loin dans leurs études.	1	2	3	4	5
Une femme est responsable du bonheur de sa famille.	1	2	3	4	5
La femme qui s'implique en politique perd sa féminité.	1	2	3	4	5
Il est normal qu'un homme fasse sa part dans la cuisine.	1	2	3	4	5
Le plus grand pouvoir pour une femme est celui qu'elle a à travers son conjoint.	1	2	3	4	5
Une femme a droit à ses goûts personnels.	1	2	3	4	5
Une femme se sent valorisée quand sa maison est propre.	1	2	3	4	5

Une femme doit se réserver du temps pour elle, même si elle doit pour cela négliger certaines tâches familiales.	1	2	3	4	5
Un couple a le droit d'utiliser la méthode contraceptive qui lui convient.	1	2	3	4	5
On doit laisser autant de liberté à une fille qu'à un garçon.	1	2	3	4	5
Une femme se doit de toujours bien paraître.	1	2	3	4	5
Les filles devraient apprendre la mécanique.	1	2	3	4	5
Il est important de transmettre des valeurs religieuses à ses enfants.	1	2	3	4	5

51. Combien de fois avez-vous consulté quelqu'un (médecin, psychologue, chiro-praticien, dentiste, etc.) à propos de votre santé au cours des douze (12) derniers mois?

_____ fois.

52. Quelle(s) personne(s) avez-vous consultée(s)?

_____

_____

53. Avez-vous passé des radiographies au cours des douze (12) derniers mois?

☐ Oui → Combien? _____
☐ Non

54. Avez-vous déjà subi une ou des opérations?

☐ Oui → Laquelle ou lesquelles? _____

_____

☐ Non

55. Avez-vous passé un examen gynécologique complet au cours des douze (12) derniers mois?

☐ Oui
☐ Non

56. Parmi la liste de médicaments suivants, lesquels avez-vous utilisés au cours des douze (12) derniers mois?

Utilisé   *Pas utilisé*

☐   ☐   Antibiotiques
☐   ☐   Tranquillisants

☐   ☐   Somnifères
☐   ☐   Antidépresseurs
☐   ☐   Vitamines
☐   ☐   Anovulants

Si vous avez des problèmes à classer un médicament, indiquez lequel? _____

57. À quelle fréquence souffrez-vous des maux suivants? (Encerclez le chiffre qui décrit la fréquence à laquelle vous souffrez de chacun de ces maux.)

MAUX	Très souvent	Assez souvent	De temps en temps	Rarement	Jamais
Mal de dos	1	2	3	4	5
Mal de reins	1	2	3	4	5
Raideurs dans les articulations	1	2	3	4	5
Mal de tête	1	2	3	4	5
Nervosité	1	2	3	4	5
Fatigue	1	2	3	4	5
Angoisse	1	2	3	4	5
Dépression	1	2	3	4	5
Insomnie	1	2	3	4	5
Problèmes gynécologiques	1	2	3	4	5
Allergies	1	2	3	4	5

58. Êtes-vous membre d'une association ou d'un organisme à titre de bénévole?

☐ Non
☐ Oui — Nommez-le(les) _____

_____

Occupez-vous un poste de responsabilité à l'intérieur de cet (ces) organisme(s)?

☐ Oui
☐ Non

59. Combien de fois le mois dernier avez-vous fréquenté les personnes ou les lieux suivants? (Cochez les cases qui vous conviennent et indiquez le nombre de fois s'il y a lieu.)

   ☐ Ami(s), amie(s) personnel(s) (les)   _____ fois.
   ☐ Ami(s), amie(s) du conjoint   _____ fois.
   ☐ Ami(s), amie(s) du couple   _____ fois.
   ☐ Voisins, voisines   _____ fois.
   ☐ Membres de votre famille   _____ fois.
   ☐ Cinéma, théâtre   _____ fois.
   ☐ Restaurant   _____ fois.
   ☐ Église ou autre lieu de culte   _____ fois.

60. Qu'est-ce qui vous satisfait dans votre vie actuelle?
   Expliquez _____
   _____
   _____
   _____

61. Qu'est-ce que vous souhaiteriez améliorer?
   _____
   _____
   _____
   _____

Annexe 2

Lors de l'assemblée générale annuelle de l'AFEAS, en août 83, les délégués, au nom des 35 000 membres, se sont prononcés sur des principes de reconnaissance de la valeur du travail au foyer.

Ces principes visent à considérer les femmes au foyer comme des individus à part entière, des partenaires dans un couple et des personnes travaillant au bien-être de la famille et de la société.

Les membres AFEAS recommandent:

1. Que nos gouvernements accordent à la femme (homme) au foyer un statut légal de travailleuse (eur) au foyer.

2. Que le terme de travailleuse(eur) au foyer soit employé dans toutes les politiques et lois qui les concernent.

3. Que nos gouvernements reconnaissent officiellement la valeur du travail au foyer en l'intégrant au produit national brut et que ces travailleuses(eurs) bénéficient des avantages accordés aux travailleuses(eurs).»

4. Que les gouvernements revisent leurs systèmes fiscaux de façon à reconnaître les travailleuses(eurs) au foyer comme personnes à part entière et non plus comme personnes à charge.

5. Que les gouvernements reconnaissent la part du travail au foyer durant la vie de couple (ex.: partage du revenu familial, partage des gains du régime des rentes, etc.)

6. Que le travail au foyer soit reconnu comme une participation à l'enrichissement du couple.

7. Que cette participation à l'enrichissement du couple soit incluse dans la prestation compensatoire.

8. Que le ministre de la Justice du Québec amende la Loi 89 afin que la résidence familiale soit automatiquement protégée sans démarche d'enregistrement.

NOTES

Introduction

1. Voir Annexe 2, p. 205.
2. Helena Z. Lopata, *Occupation : Housewife*, New York, Oxford University Press, 1971.
3. Hannah Gavron, *The Captive Wife*, New York, Penguin Books, 1966. Ann Oakley, *The Sociology of Housework*, Londres, Martin Robertson, 1974.
4. Penney Kome, *Somebody has to do it*, Toronto, McClelland and Stewart, 1982.

Chapitre 1 — *Être femme au foyer : un choix ou le résultat de contraintes*

1. *Pouvoir choisir*, Statistique Canada, 1976.
2. Voir entre autres : Suzanne Messier, *Chiffres en main*, Conseil du statut de la femme, Gouvernement du Québec, 1981, tableau 1701 ; *Recensement du Canada de 1976*, catalogue n° 94-805, tableau 12.
3. Conseil national du bien-être social, *La femme et la pauvreté*, Ottawa, 1979, p. 28.
4. Monica Boyd *et al.*, «La famille : rôles, formation et fécondité», dans *Pouvoir choisir*, Statistique Canada, 1976, p. 18.
5. Voir Joan Acker, «Woman and social stratification : a case of intellectual sexism», *American Journal of Sociology*, 1973, p. 936-945 ; Christine Delphy, «Les femmes dans les études de stratification», *Femmes, sexisme et sociétés*, PUF, 1977, p. 25-38.
6. Jessie Bernard, *The Future of Motherhood*, New York, Penguin Books, 1975, p. 113-117.
7. P. Fréchette, R. Jouandet-Bernadat et J.-P. Vézina, *L'économie du Québec*, Montréal, HRW, 1975, chapitre 18.
8. OPDQ, «Sous-système urbain et régional (4) — Rapport synthèse», dans *Prospective socio-économique du Québec — 1ᵉʳ étape*, Québec, 1977.

9. Monica Boyd *et al*, «La famille: rôles, formation et fécondité», *Pouvoir choisir*, Statistique Canada, 1976, p. 49.
10. *New York Times*, 4 décembre 1983, p. 66.

Chapitre 2 — La dépendance et l'insécurité financières des femmes au foyer

1. Entre autres études, mentionnons: Conseil national du bien-être social, *La femme et la pauvreté*, 1979; Conseil canadien du développement social, *Pauvre et seule*, 1976; Louise Dulude, *Vieillir au féminin*, Conseil consultatif de la situation de la femme, 1978.
2. Relevés dans trois bureaux d'enregistrement d'avril 1981 à novembre 1983: *Trois-Rivières*: 160 déclarations sur 4524 documents enregistrés ou 3,5%; *Laval*: 1139 déclarations sur 58,585 documents enregistrés ou 1,9%; *Montréal*: 1943 déclarations sur 254,629 documents enregistrés ou 0,7%.

Chapitre 3 — Le pouvoir dans les familles

1. Barbara Ehrenreich et Deirdre English, *Des experts et des femmes*, Montréal, Éditions du Remue-ménage, 1982.
2. Andrée Michel, *Activité professionnelle de la femme et vie conjugale*, Paris, Centre national de la recherche scientifique, 1974, p. 31-40.
3. Gérald W. McDonald, «Family power: the assessment of a decade of theory and research 1970-1979», *Journal of Marriage and the Family*, vol. 42, n° 4, novembre 1980, p. 843.
4. Constantina Safilios-Rothschild, «The study of family power structure, a review 1960-1969», *Journal of Marriage and the Family*, vol. 32, n° 4, novembre 1970, p. 54.
5. Philip Blumstein et Pepper Schwartz, *American Couples*, New York, William Morrow, 1983, p. 283.
6. *Op. cit.*, p. 540.
7. Andrée Michel, *Les femmes dans la société marchande*, Paris, PUF., 1978.
8. Martin Meissner, «Sur la division du travail et l'inégalité des sexes», *Sociologie du travail*, octobre-décembre 1975, p. 342.
9. Philip Blumstein et Pepper Schwartz, *op. cit.*, p. 146.

Chapitre 4 — La participation sociale et les intérêts des femmes au foyer

1. Yolande Cohen, «Réflexions désordonnant les femmes du pouvoir», *Femmes et politique*, Montréal, Éditions du Jour, 1981, p. 194.
2. Helena Lopata, *op. cit.*, p. 32 à 43.
3. Alan Booth, «Sex and social participation», *American Sociological Review*, vol. 37, avril 1972, p. 183-192.
4. J. Miller Mc Pherson et Lynn Smith-Lovin, «Women and weak ties: differences by sex in the size of voluntary organizations», *American Journal of Sociology*, vol. 87, n° 4, p. 202-204.

5. Ginette Voyer-Gagnon et Rita Therrien, *Les femmes de l'AFEAS, leurs caractéristiques et leurs opinions*, Montréal, AFEAS, 1980, p. 18-19.
6. Marnie W. Mueller, «Economic determinants of volunteer work by women», *Signs*, vol. 1, nº 2, 1975, p. 326.

Chapitre 5 — Le travail au foyer

1. D'après Andrée Michel, «Problématique nouvelle de la production domestique non marchande», *Les femmes dans la société marchande*, Paris, PUF., 1978, p. 61-66.
2. Monique Proulx, *Cinq millions de femmes. Une étude de la femme canadienne au foyer*. Conseil consultatif de la situation de la femme, Ottawa, 1978, p. 41.
3. J. K. Galbraith, «Consumption and the concept of the household», *Economics and the Public Purpose*,Boston, Houghton, Mifflin Co., 1973, p. 29-37.
4. Nathalie J. Sokoloff, *Between Money and Love*, New York, Praeger, 1980, p. 201.
5. Monique Proulx, *op. cit.*, p. 26 à 37.
6. Ces activités sont: sommeil, préparation des repas, vaisselle, repas, nettoyage et entretien de la maison, télévision, courses y compris le transport, entretien des vêtements, soins d'hygiène et de santé pour la famille, éducation des enfants, marche ou activité physique, soins personnels à la maison, lecture, cours ou conférences, spectacles à l'extérieur, participation à des organisations, artisanat, conversations téléphoniques, rendez-vous personnels, rendez-vous ou déplacement pour un membre de la famille.
7. Voir en particulier: John P. Robinson, «Background and methodology», chapitre premier de *How Americans Use Time*, New York, Praeger, 1980, p. 3 à 23.
8. Ann Oakley, *The Sociology of Housework*, Londres, Martin Robertson, 1974, p. 181-189.
9. Mary McIntosh, «The state and the oppression of women», *Feminism and Materialism*, Londres, Routledge and Kegan Paul, 1978, p. 263-264.

Chapitre 6: La santé des femmes au foyer

1. Enquête Santé Canada, *La Santé des Canadiens*, Ottawa, Santé et Bien-être social Canada et Statistique Canada, juin 1981.
2. Maria De Koninck et Francine Saillant, «Pouvoir, dépendance et santé des femmes», *Essai sur la santé des femmes*, Conseil du Statut de la femme, Éditeur officiel du Québec, 1981.
3. *Op. cit.*, p. 135.
4. *Op. cit.*, p. 94.
5. *Op. cit.*, p. 105.
6. *Op. cit.*, p. 171.
7. Enquête Santé Canada, *op. cit.*, tableau 58, p. 121.
8. Mary-Ann Haw, «Women, work and stress; A review and agenda for the future», *Journal of Health and Social Behavior*, vol. 23, juin 1982, p. 136.

9. Jeanne Mager Stellman, *Women's Work Women's Health*, New York, Pantheon Books, 1977, p. 54 à 76.
10. Harriet G. Rosenberg, «The home is the workplace: hazards, stress and pollutants in the household», dans Wendy Chavkin, *Double Exposure*, Monthly Review Press, 1984, p. 229 à 240.
11. *Op. cit.*, p. 118.
12. *Op. cit.*, p. 185.
13. *Op. cit.*, p. 186-187.
14. Louise Nadeau, «Féminité et drogues: l'impossible réconciliation?», *Va te faire soigner, t'es malade*, Montréal, Stanké, 1981, p. 132-133.

Chapitre 7: Les femmes au foyer qui travaillent à temps partiel

1. Penney Kome, *Somebody has to do it*, Toronto, McClelland and Stewart, 1982, p. 12.
2. Chaque fois que nous établissons une comparaison entre les deux groupes, nous faisons référence aux données des chapitres précédents.
3. AFEAS, *La femme collaboratrice du mari dans une entreprise à but lucratif*, Éditeur officiel du Québec, 1976.
4. Chiffres fournis par le ministère du Revenu à l'Association des femmes collaboratrices (ADFC), 1981.
5. Avant 1980 seuls les commerces incorporés avaient le droit de considérer l'épouse comme employée.

BIBLIOGRAPHIE

Acker, Joan, «Woman and social stratification: a case of intellectual sexism», *American Journal of Sociology*, vol. 78, 1973, p. 936-945.

AFEAS, *Comment conjuguer amour et sécurité*, Montréal, 1983.

AFEAS, *Femmes au foyer: légalement et financièrement, vous sentez-vous en sécurité?*, Montréal, 1983.

AFEAS, *La femme collaboratrice du mari dans une entreprise à but lucratif, 1975-1976*, Montréal, 1976.

Bernard, Jessie, *The Future of Motherhood*, New York, Penguin Books, 1975.

Blumstein, Philip et Pepper Schwartz, *American Couples*, New York, William Morrow, 1983.

Booth, Alan, «Sex and social participation», *American Sociological Review*, vol. 37, avril 1972, p. 183-192.

Boyd, Monica, Margrit Eichler et John R. Hofley, «La famille: rôles, formation et fécondité», *Pouvoir choisir*, Statistique Canada, 1976, p. 13-52.

Cohen, Yolande, «Réflexions désordonnant les femmes du pouvoir», *Femmes et politique*, Montréal, Éditions du Jour, 1981.

Conseil canadien du développement social, *Pauvre et seule*, Ottawa, 1976.

Conseil du statut de la femme, «L'évaluation de la réponse apportée par l'État», *La condition économique des femmes du Québec*, vol. 2, Éditeur officiel du Québec, 1978.

Conseil national du bien-être social, *La femme et la pauvreté*, Ottawa, 1979.

David-McNeil, Jeanine et Annette Morin-Fortier, *Autonomie économique des femmes*, Fédération des femmes du Québec, Montréal, 1983.

De Koninck, Maria et Francine Saillant, «Pouvoir, dépendance et santé des femmes», *Essai sur la santé des femmes*, Conseil du statut de la femme, Éditeur officiel du Québec, 1981, p. 1-267.

Delphy, Christine, «Les femmes dans les études de stratification», dans *Femmes, sexisme et sociétés*, Andrée Michel, P.U.F. 1977, p. 25-38.

Dulude, Louise, *Vieillir au féminin*, Ottawa, Conseil consultatif de la situation de la femme, 1978.

Ehrenreich, Barbara et Deirdre English, *Des experts et des femmes*, Montréal, Éditions du Remue-Ménage, 1982.

Enquête Santé Canada, *La santé des Canadiens*, Ottawa, Santé et bien-être social Canada, et Statistique Canada, catal. 82-538, juin 1981.

Fréchette, P., R. Joüandet-Bernadat et J.P. Vézina, *L'économie du Québec*, Montréal, HRW, 1975.

Galbraith, J.K., «Consumption and the concept of the household», *Economics and the Public Purpose*, Boston, Houghton Mifflin, 1979, p. 29-37.

Gavron, Hannah, *The Captive Wife*, New York, Penguin Books, 1966.

Glazer-Malbin, Nona, «Housework», *Signs*, vol. 1, n° 4, 1976, p. 905-922.

Haw Mary, Ann, «Woman work and stress: a review and agenda for the future», *Journal of Health and Social Behavior*, vol. 23, juin 1982, p. 132-144.

Kome, Penney, *Somebody has to do it*, Toronto, McClelland and Stewart, 1982.

Lopata, Helena Z., *Occupation: Housewife*, New York, Oxford University Press, 1971.

McDonald, Gerald W., «Family power: the assessment of a decade of theory and research 1970-1979», *Journal of Marriage and the family*, vol. 42, n° 4, novembre 1980, p. 841-854.

McIntosh, Mary, «The state and the oppression of women», *Feminism and Materialism*, Routledge and Kegan Paul, 1979, p. 254-289.

Meissner, Martin, «Sur la division du travail et l'inégalité des sexes», *Sociologie du travail*, octobre-décembre 1975, p. 329-350.

Messier, Suzanne, *Chiffres en main*, Conseil du statut de la femme, Éditeur officiel du Québec, 1981.

Michel, Andrée, *Activité professionnelle de la femme et vie conjugale*, Paris, Centre national de la recherche scientifique, 1974.

Michel, Andrée, *Les femmes dans la société marchande*, Paris, P.U.F., 1978.

Miller-McPherson, J. et L. Smith-Lovin, «Women and weak ties: differences by sex in the size of voluntary organizations», *American Journal of Sociology*, vol. 87, n° 4, 1982, p. 883-904.

Mueller, Marnie W., «Economic determinants of volunteer work by women», *Signs*, vol. 1, n° 2, 1975, p. 325-338.

Nadeau, Louise, «Féminité et drogues: l'impossible réconciliation?», *Va te faire soigner, t'es malade*, Montréal, Stanké, 1981, p. 99-139.

New York Times, 4 décembre 1983, p. 66.

Oakley, Ann, *The Sociology of Housework*, Londres, Martin Robertson, 1974.

OPDQ, «Sous-système urbain et régional (4), Rapport synthèse», *Prospective socio-économique du Québec, 1ʳᵉ étape*, Québec, 1977.

Projet de loi n° 89, *Loi instituant un code civil et portant réforme du droit de la famille*, Éditeur du Québec, 1980.

Proulx, Monique, *Cinq millions de femmes. Une étude de la femme canadienne au foyer*, Ottawa, Conseil consultatif de la situation de la femme, 1978.

Recensement du Canada de 1976, catalogue n° 94-805.

Robinson, John P., *How Americans Use Time*, New York, Praeger Publishers, 1977.

Rosenberg, Harriet G., «The home is the work place; hazards, stress and pollutants in the household», *Double Exposure. Women's Health Hazards on the jobs and at home*, New York, Monthly Review Press, 1984, p. 219-245.

Safilios-Rothschild, Constantina, «The study of family power structure, a review 1960-1969», *Journal of Marriage and the Family*, vol. 32, n° 4, novembre 1970, p. 539-552.

Sokoloff, Natalie J., *Between Money and Love*, New York, Praeger Publishers, 1980.

Statistique Canada, *Enquête sur la population active*, mars 1982.

Statistique Canada, *Répartition du revenu au Canada selon la table du revenu 1981*, septembre 1982.

Stellman, Jeanne Mager, *Women's Work Women's Health, Myths and Realities*, New York, Pantheon Books, 1977.

Voyer-Gagnon, Ginette et Rita Therrien, *Les femmes de l'AFEAS, leurs caractéristiques et leurs opinions*, Montréal, AFEAS, 1980.

TABLE DES MATIÈRES

Achevé d'imprimer à Montmagny
par les travailleurs des ateliers Marquis Ltée
en octobre 1984